Amaro da Maré

"O DIA EM QUE EU SAIR DESTA TERRA, QUE DEUS ME LEVE E BOTE LÁ PERTO DELE. EU SOU MENOR DO QUE UM GRÃO DE AREIA, MAS TENHO OBRIGAÇÃO DE OLHAR O PRÓXIMO." —AMARO

Amaro da Maré

Regina Zappa

Copyright © 2016 Regina Zappa

Direitos desta edição reservados à
Editora FGV
Rua Jornalista Orlando Dantas, 37
22231-010 | Rio de Janeiro, RJ | Brasil
Tels.: 0800-021-7777 | 21-3799-4427
Fax: 21-3799-4430
editora@fgv.br | pedidoseditora@fgv.br
www.fgv.br/editora

Impresso no Brasil | *Printed in Brazil*

Todos os direitos reservados. A reprodução não autorizada desta publicação, no todo ou em parte, constitui violação do copyright (Lei nº 9.610/98).

Os conceitos emitidos neste livro são de inteira responsabilidade do(s) autor(es).

1ª edição — 2016

Preparação de originais: Sandra Frank
Revisão: Fatima Caroni
Capa, projeto de miolo e diagramação: Ilustrarte Design e Produção Editorial
Foto da capa: Ratão Diniz
Fotos do miolo: Acervo Vila Olímpica (p. 8, 15, 27, 41, 54, 61, 62, 81, 94, 120, 123, 124, 127, 128, 133, 134, 138, 142-3, 144), Paulo Barros (p. 2-3, 16, 42, 66, 74, 82, 86, 98, 106-7), Acervo *Correio da Manhã*/Arquivo Nacional (p. 12, 28, 108, 112, 116), Cristian Nacht (p. 105), Roberta Machado (p. 53). Os fotógrafos da Vila Olímpica são: Aline Costa da Cunha, Breno Kuperman, Cristiane Barbalho e José Fantine

**Ficha catalográfica elaborada pela
Biblioteca Mario Henrique Simonsen/FGV**

Zappa, Regina
    Amaro da Maré / Regina Zappa. - Rio de Janeiro : FGV Editora, 2016.
    152 p. : il.

    ISBN:978-85-225-1843-2

    1. Domingues, Amaro, 1932- . 2. Comunidade – Desenvolvimento. 3. Maré (Rio de Janeiro, RJ). I. Fundação Getulio Vargas. II. Título.

CDD – 923.6

Aos meus netos Benjamin e João Vicente, que escreverão o futuro, na esperança de que a história de Amaro seja exemplo de luta por um mundo mais solidário e justo.

Agradeço
a Amaro Domingues, pela disposição e colaboração permanentes
a Cristian Nacht, pela ideia e o entusiasmo
a Ronaldo Lapa, pelo apoio e a amizade
a Rubem César Fernandes, Sandra Maria Barros de Araújo Garcia, Aline Costa da Cunha, Maria Clara Rodrigues da Silva, José Fantine, Ubirajara Carvalho, Yvonne Bezerra de Mello, Anabela Paiva, Valeska Silva Xavier, pela valiosa ajuda
aos companheiros de jornada Monica Prinzac e Breno Kuperman
ao jornalista José Sérgio Rocha, que colaborou com pesquisa e texto sobre a ocupação da Maré.

SUMÁRIO

Apresentação		9
Introdução		13
Capítulo 1	O pulo do gato	17
Capítulo 2	Novos rumos na Nova Holanda	29
Capítulo 3	Os atalhos para se chegar lá	43
Capítulo 4	A vila transformando a vida	55
Capítulo 5	Mil caminhos e divisões levam à Maré	63
Capítulo 6	Negociando com o "movimento"	67
Capítulo 7	O tráfico interfere e a vila fecha	75
Capítulo 8	A fé que move montanhas	83
Capítulo 9	A ocupação	87
Capítulo 10	A Maré tem de tudo	95
Capítulo 11	De cabeça erguida	99
Depoimentos		107
Aline, a menina das palafitas		109
O Mandela da Maré		113
Um supermercado de bondades		117
Jordana e Davi, na dança da vida		121
Um ser resolutivo		125
Um líder comunitário que ousou sonhar		129
O grande condutor de uma orquestra estranha		135
Aqui se nada contra a correnteza da Maré		139
Apêndice		143
Uevom		145
Viva Rio e Reage Rio		147
Uerê, uma escola com pedagogia própria		149

A VILA OLÍMPICA DA MARÉ, CRIADA COM A LUTA DE AMARO, MUDOU A VIDA DE MUITAS CRIANÇAS

APRESENTAÇÃO

Acompanho seu Amaro desde os inícios de 1996, quando nos conhecemos. O Viva Rio vinha de completar a campanha do Reage Rio!, que além de fazer uma baita mobilização contra uma onda covarde de sequestros, lançou o movimento no rumo das favelas. Na virada de 1995 para 1996, ficou claro que nosso destino seria criar raízes nas comunidades e batalhar pela integração da cidade de dentro para fora e de baixo para cima. Em seguida a Acari, com a Fábrica da Esperança, de Vigário Geral, com a Casa da Paz, e da Rocinha, com o Balcão de Direitos, de Santa Cruz com o Viva Antares, chegamos à Maré, respondendo a uma boa provocação. O Rio disputava sediar a Olimpíada de 2004 e a proposta da cidade colocava a Vila Olímpica na ilha do Fundão, justo em frente às comunidades da Maré. Bela oportunidade para o complexo marcar sua presença. O Comitê Olímpico Internacional viria ao Rio em junho de 1996 para conhecer melhor as propostas da cidade. Chegaria ao Galeão e seguiria para o Copacabana Palace, local de hospedagem e de reuniões. No caminho, logo no início, a comitiva desfilaria ao longo das 16 comunidades que compunham o Complexo da Maré. Bela oportunidade! Lideranças comunitárias locais convidaram o Viva Rio para conversar sobre o assunto. Entre eles, à frente da Federação de Associações de Moradores da Maré, destacava-se seu Amaro, pelo porte e pelo tirocínio.

As conversas juntaram um conjunto excitante de elementos: aproveitar a oportunidade, não deixar a comitiva passar batida; afirmar a adesão da favela à candidatura do Rio; criar uma agenda própria que ligasse a Olimpíada, que aconteceria logo ali, no outro lado do Canal do Cunha, a um legado social permanente no lado de cá — a vizinha e desafiadora Maré. A novidade das ideias e sua aderência ao movimento geral da cidade impressionavam a todos nós que éramos de fora, "brancos no samba", como se diz. E o mestre da harmonia era o seu Amaro. Com ele, as ideias começavam ou terminavam. A mente aberta é marca de sua personalidade. As ideias vingaram. A recepção festiva das comunidades ao longo da Linha Vermelha surpreendeu os visitantes, que concederam uma parada. A proposta de criação de uma Vila Olímpica da Maré foi devidamente negociada e planejada com a Secretaria de Habitação da prefeitura, em tempos de Conde e do secretário Sérgio Magalhães. Quando o COI chegou, tínhamos um projeto estruturado de aproveitamento socioesportivo de uma longa faixa de terra que separava a Linha Vermelha do casario comunitário. O "legado social" começou a ser negociado em detalhes antes mesmo que a candidatura se confirmasse. No bojo da proposta, uma estrutura de gestão independente, composta de elementos internos e externos da comunidade com a chancela formal da prefeitura, segundo um plano arquitetônico desenhado pela Secretaria de Urbanismo e conversado em detalhadamente com as lideranças comunitárias. Não foi daquela vez que a Olimpíada veio para o Rio (foi para Atenas), mas a Vila Olímpica da Maré tornou-se uma realidade, sob a presidência de seu Amaro.

A aproximação foi rápida e intensa, como se pode imaginar. De nossa parte, junto com Betinho, um conselho de notáveis barra-pesada e lideranças comunitárias de outros bairros, inventávamos um movimento social de novo tipo. Propositivo, de peito aberto para os problemas, sem medo do perigo e um jeito colorido de ser, com gosto pelo bom humor e as belezas do lugar, o prazer que advém de ideias que florescem nas mesas de bares e biroscas — uma "ação da cidadania", como se dizia, de estilo carioca, mescla de raiz, Chico e Caetano. O encaixe com o espírito de seu Amaro foi crescente. Quanto mais nos conhecíamos, mais nos completávamos. Passados os membros do COI, ficamos com seu Amaro, que veio a compor o Conselho Diretor do Viva Rio. O conselho era um órgão complexo, com representantes de primeira linha de múltiplos segmentos — das mídias, da publicidade, do empresariado, dos sindicatos de trabalhadores, dos esportes, da cultura e das favelas também. Conselho grande, que se reunia informalmente a cada mês, para um almoço boca-livre e uma troca franca de ideias sobre o andar dos vários andores que pretendiam costurar a cidade partida, no dizer do Zuenir. Quando o assunto era favela ou violência, o conselho acostumou-se a ouvir o seu Amaro em primeiro lugar, pela sua postura e seu tirocínio.

Seu Amaro combina esses valores — da liderança que reúne a diversidade. Não era fácil ser presidente da Federação de Associações da Maré, palco de divergências de múltiplos calibres. Com efeito, a federação se desfez depois que seu Amaro dela se afastou para assumir a presidência da Vila Olímpica. Na vila, o desafio da mediação entre divergentes apresentou-se ainda com maior gravidade. Ela ladeia as comunidades da Maré e atravessa os territórios das facções rivais. No tempo, eram três que se batiam no território e que, no entanto, aprenderam a respeitar o espaço neutro da vila. Feito impensável, não fora o estilo a um tempo sonhador e pé no chão do seu presidente. Na moral, seu Amaro lograva convencer as forças adversas a colocarem um limite no ódio recíproco, de modo a preservar um espaço de liberdade para as crianças do lugar. A mediação não se limitava à letra de um tratado. Era fluida e informal, como os conflitos das facções nas favelas do Rio. Cuidado constante, conversas a qualquer hora, até mesmo na madrugada, sempre na moral, com a abertura de uma oração.

Os limites foram, certa vez, rompidos por abuso de um comando local. Seu Amaro fechou a vila e seus trabalhos, e resistiu à imposição. O prefeito reconheceu a pertinência de sua decisão e confirmou o fechamento temporário da vila. Alguns meses se passaram, e a ordem veio, por fim, de Bangu, que o tal comando local estava errado, deveria retirar suas imposições e pedir desculpas. Foi assim que, na moral, seu Amaro preservou a autonomia da vila diante dos poderes armados ao redor.

Assim também agiu com o comando policial, que por vezes tentava entrar sem cerimônia no espaço da vila, talvez em perseguição de algum malfeitor. Seu Amaro foi ao Comando do Batalhão explicar a neutralidade da vila, que para fazer sentido deveria manter-se à margem dos conflitos armados que permeiam o cotidiano da Maré. A vila seria um espaço livre de armas. O Comando do 22º BPM ouviu e concordou, por bem incrível que isso pareça.

Seu Amaro é patrimônio nosso, da Maré e da cidade do Rio de Janeiro. Seu livro é uma joia para se guardar.

Rubem César Fernandes
Rio, 31 de janeiro de 2016

A MARÉ REÚNE 16 COMUNIDADES, QUE JÁ TIVERAM AMARO COMO PRESIDENTE DA UNIMAR (UNIÃO DAS ASSOCIAÇÕES DE MORADORES DA MARÉ)

INTRODUÇÃO

O telefone toca a toda hora. Toca o dia inteiro, mas também de noite, de madrugada. Amaro Domingues não tem sossego, é solicitado todo o tempo para resolver qualquer tipo de questão: de um funcionário que não chegou para trabalhar na vila olímpica ao pai de aluno que procura emprego, ou à quase execução de alguém pelo tráfico no Complexo da Maré. Aos 82 anos, Amaro, ou seu Amaro, como todos o conhecem na comunidade, é incansável. Embora já se sinta fatigado, não sabe viver de outra forma. Começou sua militância social desde que se mudou, em 1962, para a favela da Nova Holanda, uma das atuais 16 comunidades da Maré. E nunca mais parou. Militou no sindicato dos aeroviários quando era motorista, foi líder de cooperativa, presidente de associações de moradores. Ajudou a criar a Vila Olímpica da Maré, que dirige com a garra de um iniciante, a habilidade de um equilibrista e a integridade de um homem de fé.

Com os anos que tem poderia se recostar num sofá e se valer do que já conquistou. Poderia passar o tempo fazendo aquilo de que mais gosta, que é ler. Pois é, um homem que aprendeu a ler com mais de 15 anos adora livros e lê de tudo, o que encontrar pela frente. Diz que muitas vezes aproveita o que lê para seu trabalho e por isso qualquer livro para ele é útil. Senta num canto, sozinho, quieto e devora aquele livro. É sua maior distração, uma terapia mesmo. Gostaria de passar seus dias assim.

Mas não. Ele não para. Cutuca o secretário, cobra da autoridade, separa briga, arruma emprego para ex-presidiário, aconselha, cuida, vigia. Conhece todo mundo e todos o conhecem. Não consegue andar 10 metros na Maré sem ser parado várias vezes. Nesse mundo dividido em que vive, é respeitado pelos moradores, pelo pessoal do movimento, por prefeitos, governadores, deputados. Não leva dinheiro e não é de se dobrar.

Uma vez, Amaro foi marcado para morrer. Acharam que ele tinha sido o responsável pela instalação do Batalhão da Polícia Militar no terreno da vila olímpica. Contrataram três pistoleiros, mas dois deles nunca se aproximaram. O terceiro entrou um dia na vila, onde Amaro é ainda presidente. Entrou na sala de Amaro e todos tremeram. Amaro não. Chamou o camarada para conversar no meio do campo de futebol. Começaram a discutir. O pessoal aflito, olhando de longe. Discutiram muito, andando pra lá e pra cá. Amaro não tinha nada a ver com o batalhão. Queria para aquele terreno uma creche e um clube de idosos. "Tenho medo de morrer não, meu Deus lá em cima cuida de mim", disse ele. Ninguém sabe direito o que tanto falaram ali. O fato é que Amaro saiu para um lado e o sujeito para outro. Soube-se que, dias depois, o suposto matador entrou para a igreja de Amaro e hoje é pastor.

Amaro é da Igreja Congregacional, evangélica, e tornou-se extremamente religioso quando a vida já ia alta. Seu maior orgulho, ele diz, é poder andar de cabeça erguida em qualquer lugar. E ter saúde e disposição para continuar na luta.

Quando este livro começou a ser feito, frequentávamos a vila olímpica e pudemos ver a grande quantidade de crianças, jovens e até idosos que se beneficiam cotidianamente daquele espaço de esportes, educação e lazer. Por diversas vezes, não pudemos ir por causa dos conflitos e confrontos armados envolvendo traficantes de facções diferentes e, muitas vezes, a polícia. Houve um dia em que, durante um tiroteio, uma bala ricocheteou dentro do ginásio de esportes e atingiu um menino de raspão. Mesmo assim, a vila continuou.

É nessa corda bamba que vivem Amaro e todos aqueles que moram na comunidade ou tentam levar a ela um sopro de cidadania. Contamos aqui sua história. A história de um brasileiro, anônimo e guerreiro, que fez da solidariedade um sacerdócio.

AULA DE FLAUTA NA VILA COMPLEMENTA A FORMAÇÃO ESPORTIVA

AMARO FOI VIVER EM MANGUINHOS, NA MARÉ, QUANDO SAIU DA AERONÁUTICA

CAPÍTULO 1

O PULO DO GATO

"MINHA ESCOLA FOI O MUNDO"

Quando desceu do avião de paraquedistas em que se metera para começar uma vida diferente de tudo que já tinha vivido, Amaro sentiu as pernas trêmulas e os pés que pareciam não tocar o chão, porto seguro de toda vertigem. Durante a viagem da cidade de Campos até a Base Aérea de Santa Cruz, no Rio de Janeiro, naquelas aeronaves militares com os assentos ao longo do corpo do avião, uma fileira virada de frente para a outra, permaneceu de boca trancada e dentes trincados que era para não ficar falando, nem reclamando, nem sorrindo para disfarçar. Todos os outros companheiros, ao lado e na frente dele, ali a 10 mil pés de altitude, seguiam calados, em pânico. Foram dois sustos: um quando subiu o avião e outro quando ele desceu. Amaro não sabia se rezava, se não rezava.

Com o coração aos pulos, viveu aos 17 anos um dos primeiros grandes "sufocos" da sua vida. Voar não era para gente, pensava ele. A família inteira havia ficado apreensiva quando o menino criado na roça e nos arredores das pequenas cidades fluminenses partiu no pássaro de aço, depois de se alistar na Aeronáutica. O pai quando soube disso chamou o filho de maluco, de doido.

Morreu sem nunca ter andado de avião. Os recrutas, companheiros daquela leva, todos meninos, todos apavorados, também embarcaram no avião. Era a primeira vez que se afastavam do solo numa altura maior do que a de uma goiabeira.

Não tinha sido fácil. Oficialmente com 15 anos (seu registro de nascimento foi feito com seis anos de atraso) e há dois morando em Campos, sem nunca ter frequentado a escola, Amaro foi, na inocência, se alistar na Aeronáutica. Tinha visto o posto de alistamento quando passava perto da Santa Casa, na avenida 15 de Novembro, Beira Rio, na entrada da cidade, e achou bonita a farda dos militares. Morava do outro lado do rio e passava por ali todos os dias a caminho da fábrica, onde trabalhava para ajudar em casa. Seus amigos, companheiros e vizinhos, tinham decidido se alistar e Amaro resolveu ir também. Chegou lá sem saber ler nem escrever. Nem as quatro operações sabia fazer.

O sargento que recebia os candidatos espantou-se: "Como quer entrar se não sabe ler? Tem que estar matriculado no terceiro ano primário, no mínimo".

Amaro não se intimidou:

— Ano que vem vocês estarão aqui?

— Sim, estaremos.

— Então, ano que vem eu volto.

Matriculou-se na escola pública João Pessoa, mas nunca frequentou. O que tinha de saber aprendeu com a solidariedade dos amigos, que voltavam da escola e ensinavam a Amaro tudo o que aprendiam, enquanto faziam os deveres de casa. Eles iam para o colégio; Amaro, para o trabalho na fábrica. À noite, reuniam-se para estudar. Foram bons professores porque foi ali que Amaro passou a se interessar pelo conhecimento. Aprendeu a ler, passou a ler jornais e livros e a estudar por conta própria. Como tinha prometido a ele mesmo, voltou no ano seguinte, inscreveu-se, mas ainda não estava preparado e não passou no teste. Um ano depois, insistiu. Passou e se alistou na Força Aérea Brasileira.

O caminho do jovem se desviaria para sempre daquela cidade nas asas da FAB. Mas foi lá, em Campos, que sua história começou. Assim que Emérita Domingues dos Santos deu à luz Amaro, seu segundo filho — mas como se fosse o primeiro, porque o mais velho tinha sido entregue para a sogra criar —, a família, guiada por Teodoro Domingues, foi embora para a roça. A data verdadeira do nascimento de Amaro, 14 de outubro de 1932, foi, durante muito tempo, uma confusão na cabeça do menino. E é até hoje, na cabeça de todos que o conhecem. Naquela época se dizia que o pai que demorasse mais de um mês para registrar o filho ia para a cadeia. Como estavam vivendo no meio do mato, Teodoro ainda não tinha feito o registro em cartório, e só quando o menino ficou doente, com medo de que morresse, ele foi correndo até a cidade registrar o filho. Amaro passou a existir como cidadão brasileiro só seis anos depois de nascer. Sua certidão de nascimento tem a data de 23 de março de 1938. Portanto, Amaro carrega com ele uma data de aniversário verdadeira e outra mentirosa. E a vantagem de poder dizer que é seis anos mais novo.

Quando Amaro começou a vida, a família não tinha paradeiro certo. Embora tenha nascido em Campos, saiu de lá com um ano e só voltou a morar naquela cidade do norte fluminense aos 13 anos. Antes disso, passaram por muitos lugarejos, como Catuava, Vila Nova, São Luiz de Mutuca, Travessão, Santo Eduardo, todos no estado do Rio. O primeiro vilarejo para onde se mudaram depois do seu nascimento foi Tanguió, logo depois Baronesa e, em seguida, Conselheiro Josina. Todas pequenas vilas que mal constam do mapa.

Mas é da fazenda Pedra Lisa, no morro do Coco, em Vila Nova, que Amaro guarda suas primeiras recordações da infância. Já estava com seis anos e se recorda bem da vida de criança criada na roça, cuidando das irmãs e do irmão, que nasceram depois. As crianças viviam em seu colo e era ele quem fazia a comida, dava banho, limpava e arrumava quando a mãe se ausentava por longos períodos para cuidar, em Campos, de um problema crônico de saúde. Às vezes ela ficava um mês inteiro fora. Eles, os irmãos, viviam nos seus braços. Apesar das pequenas distâncias, os vizinhos ficavam de olho e ajudavam a cuidar das crianças. Mas dentro de casa quem trabalhava era Amaro. Aprendeu a cozinhar feijão, arroz, carne, legumes. Era tudo feito com gordura de porco. Matava-se o porco, pegava-se o toucinho e tirava-se a gordura, que era colocada em umas latas de 20 quilos, onde se enfiava a carne para que não estragasse.

A vida na roça não era fácil, mas lá nada faltava. Amaro logo aprendeu a fazer o escambo e trocava uma coisa pela outra. Se precisava de farinha, buscava com um vizinho. Quando o pai se embrenhava pela roça, trazia arroz, feijão e deixava em casa. E a farinha era trocada por um desses alimentos. Também se trocava feijão e arroz por porco ou galinha. De dois em dois meses, o dono da fazenda matava uma rês e a carne era distribuída entre os colonos, assim como o leite, que vinha de outra fazenda.

A única coisa que tinha de ser comprada era o sal. O óleo era tirado da baga da mamona cortada e servia também para acender o lampião. Amaro botava água, óleo, boia e um pavio e acendia o candeeiro. O fogão era aceso com a madeira, os gravetos.

Havia também o caçuá, uma peneira feita de bambu e cipó que o pessoal usava para pescar. "Era só pegar a peneira e sair batendo ela na água", ele lembra. Quando o peixe entrava por cima da peneira, ela era rapidamente levantada e pegava-se o peixe por cima. Às vezes, em vez de peixe, pegava cobra com a peneira.

É assim que ele se lembra daqueles tempos, e foi assim que começou a entender as coisas da vida, as obrigações, os deveres de uma casa, o cuidado com uma criança. Ninguém ensinou, foi aprendendo.

Amaro era muito ligado à família. Embora desde muito criança já tomasse conta dos irmãos, diz que tinha uma família de verdade. "Gostava muito da minha mãe. Ela era filha de escravos, e meu pai também. Não tem nada que substitua a família. Não posso reclamar da minha. Era bem estruturada. Pai e mãe eram católicos porque na roça era essa a religião predominante. Mas havia os rituais africanos." Para Amaro, era como se o candomblé fosse uma religião dentro da religião católica, porque ele também foi criado acompanhando os rituais africanos. "Naquela época era nossa grande diversão ir aos terreiros, com a cantoria, os tambores e a festa."

O pai de Amaro, Teodoro Dominguez, era homem simples, trabalhador. Morreu com uns 78 anos. Trabalhava com transporte de carga de caminhão, não gostava de ficar num só lugar. Em casa, Amaro tinha o exemplo de uma estrutura familiar sólida, embora o pai vivesse viajando e a mãe se ausentasse por períodos, quando ele era pequeno, para tratar da saúde. "Meu pai não aceitava covardia, nem mentira, era contra bater em mulher. Falava da importância da educação, do trabalho. Sempre dizia pra gente cuidar da própria vida e esquecer a do vizinho. Era um exemplo para mim."

Como motorista de caminhão, Teodoro era empregado da usina de açúcar da fazenda Pedra Lisa, transportava açúcar e café de lá para Campos e outras cidades e estava sempre viajando. Era uma fazenda grande. Quando a mãe estava em casa, Amaro ia cuidar dos "afazeres externos". Prendia cabra, levava e trazia as vacas do pasto, tirava leite, olhava as galinhas, tratava dos passarinhos. Não havia gás, e Amaro cortava a lenha, juntava graveto e toco de árvore para acender o fogo do fogão. Brincadeiras de criança não conhecia, porque as crianças eram os irmãos; ele nunca o foi. Lembra-se de ter passado a infância sempre trabalhando.

Quando Amaro já estava com uns 12 anos, seu pai se desempregou, foi embora da fazenda, e a família se mudou para Largado, perto de Santo Eduardo, nas proximidades do rio Itabapoana, no norte do estado do Rio e fronteira com Espírito Santo.

Alugaram casa e o pai, que continuava a trabalhar com transporte de carga, mandava dinheiro. Até que foram para Campos, cidade maior, Amaro já com 13 anos. Seu Teodoro continuou na estrada, comprou uma casa para a família na rua Santo Antonio, em Guarulhos, mas o trabalho não foi adiante e ele teve de ir embora para o Rio de Janeiro, deixando a família em Campos. Dona Emérita, sempre ao lado dos filhos, começou a sentir as dificuldades da vida na cidade. Agora tinham de comprar tudo, não era mais como no campo, que a vida ia andando e o sustento brotava do escambo. Ali era diferente.

Dona Emérita foi lavar roupa, fazer serviço doméstico, teve de arrumar logo um trabalho. Lavava toalhas, guardanapos, lençóis para o hotel Gaspar, que ainda hoje funciona na praça São Salvador, no centro da cidade. Amaro arranjou um jeito de ajudar e ia buscar as roupas no hotel para a mãe lavar. Mas também arrumou um serviço: transportava o almoço para os trabalhadores da Carangola, a oficina que fazia a manutenção dos trens em Campos, que ficava perto da igreja do Saco, próxima ao campo do Americano, um dos times de futebol da cidade. As mulheres dos trabalhadores da ferrovia, que moravam vizinhos à família de Amaro, em Guarulhos, faziam as marmitas para os maridos, e o garoto pegava o almoço na rua dos Ferreiros e na rua do Vigário e botava dentro de uma cesta, para carregar até a Carangola, que hoje se chama Leopoldina. Atravessava a pé a ponte sobre o rio Paraíba levando de oito a 10 marmitas e, assim, ganhava uns trocados certos para ajudar em casa.

Amaro conseguia com uma tia, que trabalhava no hotel Gaspar, as cabeças de peixe para fazer pirão para a família ir se equilibrando até que o pai pudesse passar por lá e deixar um dinheirinho. Ainda menor de idade, o menino arrumou emprego numa fábrica de bebidas, que ficava na rua 21 de Abril. A princípio, lavava garrafas e tirava rótulos, e em pouco tempo já sabia dosar a bebida, o xarope e a água com gás. *Pirralho* era o nome do refrigerante que se assemelhava ao guaraná, também feito do mesmo xarope. Durante dois anos, dos 15 aos 17, Amaro passava suas horas no emprego puxando e baixando as alavancas da máquina que liberavam o xarope e a água com gás. Só parou quando ingressou na Força Aérea. Mas sua inquietação já se manifestara antes disso.

A CIDADE GRANDE PELA PRIMEIRA VEZ

Amaro não se conformava em não ver mais a avó paterna, Rita Cecília Maria da Conceição, que tinha se mudado há tempos para o Rio de Janeiro. Decidido a resgatar o laço afetivo perdido, sem nenhuma orientação ou aconselhamento, pegou um trem e foi para o Rio. Deu na cabeça de ir e ele foi. Era o ano de 1952. Sabia que ela morava na Penha e, por isso, ao saltar do trem na estação da Leopoldina, pegou o bonde 93 — praça Mauá-Penha — que alguém indicou. Chegou à Penha e passou o maior sufoco. Ficou perdido até que esbarrou em um cidadão que entregava leite com uma carrocinha — que era chamada de vaca leiteira porque vendia o leite que saía de uma torneira num barril — e que conhecia tudo aquilo lá. Com as orientações dele, Amaro conseguiu encontrar o barraco da avó.

— Seu maluco, como é que você vem sozinho para cá, sem pedir a seu pai e sua mãe?

— Ué, cheguei na estação e vim.

O garoto quase apanhou da avó, mas explicou que queria vê-la e a seu irmão mais velho. Depois da bronca, dona Rita se acalmou e foi só alegria. Ela chorava de emoção, ele chorava. Ficou uns quatro meses e depois voltou para Campos. Foi quando pensou em se alistar. Do Rio, não gostou nada, era tudo muito diferente. Estava acostumado a lugar tranquilo onde a luz à noite era só de vagalume, com sapo e grilo cantando e o céu carregado de estrelas e clarões da lua. Lugar onde se sentava para escutar as histórias dos mais velhos e para saber o que mais acontecia na roça. Mesmo em Campos, na periferia onde vivia, havia essa tranquilidade, embora já não se ouvissem as histórias dos veteranos.

De repente, se viu num lugar ainda mais desenvolvido do que a cidade para onde sua família tinha se mudado. De repente, meu Deus do céu!, desembarcou no Rio de Janeiro. "Com sinceridade? Não gostei." Era assustador porque foi parar na favela da Penha, lá em cima, perto do morro do Sereno, onde se reunia um tipo de marginalidade diferente da de hoje.

A avó descia o morro para seus afazeres e Amaro ficava em casa, sem companhia para sair dali. Mas ele se lembra de que naquele tempo existia mais respeito entre os marginais. As mulheres eram chamadas de senhora e os homens apagavam seus cigarros de maconha se viam alguém se aproximando.

"Hoje se acende um cigarro desses perto de qualquer um. Na frente de uma criança não se acendia maconha, o tóxico da época. E naquela época se brigava na mão, ou com a navalha. Hoje não dá nem para chegar perto."

Mas, ainda assim, aquele cenário todo era muito violento para Amaro, que havia sido criado num lugar onde não havia esse tipo de coisa. "Eu achava aquilo terrível, quando escutava um tiro no morro eu pensava que o mundo ia se acabar." Ele não sabia se a avó já estava acostumada ou se tinha medo. Achava apenas que ela resistia, como as pessoas resistem até hoje.

"Hoje eu moro numa comunidade em conflito, onde se escuta tiro de manhã, de tarde, de noite, não tem hora. Se tenho medo? Sim, mas eu moro ali e aprendi a conviver com isso. Deu um tiro, estourou e não me pegou, já passou há muito tempo. A pessoa aprende a conviver, sabe. Procura se proteger. Então o medo existe. No passado e no presente tem sido assim. Espero que o futuro mude."

VIDA NOVA

Ao voltar para Campos, Amaro começou a se preparar para o alistamento. Estudo para ele não foi fácil. Nunca frequentou a escola e aprendeu a ler e escrever com quase 21 anos, com os amigos que iam à escola. Foi necessária muita vontade, e ele aprendeu o suficiente para passar na prova da Aeronáutica. Passou e lá se foi ele para a Base Aérea de Santa Cruz, bairro que fica na região oeste do Rio de Janeiro. Uma curiosidade: na base aérea está localizado o famoso hangar do Zeppelin, construído na década de 1930, perfeitamente conservado e em uso como hangar para aeronaves militares de asa fixa. Na base, Amaro começou, mais uma vez, uma nova vida. Só que, dessa vez, a experiência na FAB transformaria o jovem roceiro.

Era um novo tipo de vivência. Começou a estudar, comprava livros; outros, pegava emprestado com os colegas. Era a escola que ele nunca teve. Foi estudando matemática, geografia, história. Estudando, estudando, estudando. E assim, até hoje, vai aprendendo: pega um livro, se agarra a ele e o devora. É o que mais gosta de fazer: pegar um livro e se esconder num canto para ler. Adora geografia, lê tudo o que cai em suas mãos. As únicas aulas que frequentou na vida foram — ele já bem mais velho, com mais de 60 anos — as do curso de informática que o Viva Rio abriu na Maré, o Estação Futuro, que foi inaugurado em 2001 e teve como objetivo levar a inclusão digital e popularizar o acesso à internet entre moradores de comunidades do Rio de Janeiro.

Mais importante, no entanto, que todas as matérias que ele passou a conhecer na base aérea onde serviu foi o aprendizado de vida. "Aprendi o que é a solidariedade, a parceria, a dignidade de um homem, o respeito que um homem tem que ter pelo outro e pela própria vida, o que é amar e respeitar o seu próximo. Foi ali que eu comecei a aprender a viver."

Na Aeronáutica, era duro, porque existia disciplina rígida em que prevalece a hierarquia. "Era senhor pra cá, senhor pra lá, continência pra cá, continência pra lá. Cinco da manhã, alvorada. O hábito é outro. Dia de educação física tem que levantar, tem que correr pra lá, chova ou faça sol, e quando volta tem aquele banho frio que a água mais parece ter saído da geladeira."

Amaro foi se adaptando a "tirar serviço" e cumprir ordens. Começou a aprender que as coisas ali não eram tão "à vontade" quanto em casa. "Quando papai e mamãe falam, o menino bate o pé, diz que vai, a mãe diz 'não vai', ele apanha, mas no dia seguinte está tudo bem. Lá, não. Lá, vacilou, vai pra cadeia, fica detido, faz serviços forçados." E assim foi aprendendo a viver. "No começo foi muito difícil, depois a gente acostuma."

Os primeiros anos como recruta foram mais rígidos. Não há liberdade para sair, tem que ficar no quartel. De manhã cedo tem "instrução" (aulas, exercícios), depois tem manobra e treinamento. "É muito cansativo. Depois começa a ter uma determinada liberdade, a alimentação começa a ser diferente." Amaro servia em base de guerra, em Santa Cruz, mas com o tempo passou a visitar colegas em quartéis do Exército e da Marinha. Serviu também no Campo dos Afonsos, no Galeão. "Na base de guerra tem mais instrução, mais manobra, mais movimento, mais disciplina. Qualquer coisa te jogam dentro de um avião para São Paulo, Paraná, para onde for e você não sabe o que vai acontecer."

A movimentação militar naquela época no Rio de Janeiro era intensa. Amaro passou de recruta a soldado, sua especialidade era busca e salvamento, e pretendia fazer curso para sargento, mas muitas coisas começaram a acontecer no país e ele acabou dando baixa quatro anos depois. A morte de Getúlio, no Rio, convulsionou o país.

Com o suicídio de Getúlio, o brigadeiro Eduardo Gomes assumiu o Ministério da Aeronáutica no governo de Café Filho (1954-1955). Oficiais da Aeronáutica, por sua vez, não aceitaram quando o brigadeiro Gomes resolveu passar o comando da Aeronáutica para o general Lott. O presidente Café Filho foi afastado do cargo por um movimento político e Carlos Luz assumiu, permanecendo apenas três dias no comando do país. A Marinha entrou na revolta e o Exército se preparou para o conflito. Amaro se recorda de um período confuso e de que um conflito de grande extensão estava para se desenrolar. Os aviões militares foram enviados para a base aérea de Parnamirim. "Todos os aviões de bombardeio foram para lá com a intenção de voltar e destruir tudo aqui. A ponte do Galeão foi minada. A Marinha estava agindo junto com a Aeronáutica, e o Exército estava contra."

Quando a situação se complicou, os soldados se prepararam para o combate. A tensão tomou conta dos militares na Base Aérea de Santa Cruz, onde Amaro servia. Havia a certeza de que o combate seria sangrento. Até que veio a ordem do coronel para baixar as armas. Amaro se lembra como se fosse ontem. "Sabíamos que íamos para a luta. Era matar ou morrer. Mas tínhamos um comandante, o melhor que já tive na vida, iluminado por Deus, o coronel-aviador Ari Precibelo. Ele mandou a gente entregar as armas. Tinha tanque e tudo, ia ser uma carnificina. A Aeronáutica se rendeu ao Exército, entregamos as armas e eu chorei. Emoção ou raiva, não sei. Quando peguei meu fuzil, cravei no chão e virei as costas."

Foi questão de horas. Para Amaro, esse coronel evitou um desastre maior no Rio de Janeiro. Ele estava no portão da base quando as tropas receberam o aviso de que os soldados do Exército se dirigiam à base de Santa Cruz em carro de combate.

As tropas foram se aproximando até que pararam, um soldado olhando para o outro. Esperavam a ordem. Foi quando o comandante de Amaro falou:

"Entreguem-se". Outro comandante, este do Exército, do outro lado, disse a eles: vocês não estão presos. Amaro garante que não eram palavras de conforto que eles queriam ouvir naquele momento, porque nessa hora ninguém estava com medo. "Nenhum. Nessa hora você não lembra de Deus, de irmão, de mãe, de ninguém; só pensa em dar tiro para frente. A vontade é só ir para frente. Hoje, pensando e conversando com os colegas, acredito que ia morrer muita gente. Já imaginou uma B25 com 5 mil quilos de bomba despejando na cidade? Já pensou um F8, que era o avião mais rápido que tínhamos, despejando bomba de 500 libras num raio de 400 metros? E mais de 5 mil balas de canhão despejando nessa cidade. Já pensou o Exército lutando com os quartéis dentro da cidade? A decisão de recuar foi mesmo importante. Esse homem foi maravilhoso."

Depois da experiência de se sentir prestes a entrar em combate armado, depois de quatro anos servindo entre a base de Santa Cruz e a de Parnamirim, Amaro decidiu deixar a Aeronáutica. "Vou largar isso e viver vida de civil." Deu baixa e foi trabalhar com transporte de carga.

AS ATIVIDADES NA VILA OLÍMPICA DA MARÉ COMEÇARAM EM DEZEMBRO DE 1990

OS PRIMEIROS MORADORES DA MARÉ CHEGARAM EM 1962, VINDOS DA REMOÇÃO DE OUTRAS FAVELAS

CAPÍTULO 2

NOVOS RUMOS NA NOVA HOLANDA

UM DIA, A CASA SUMIU

Logo que saiu da Aeronáutica, Amaro foi morar na Penha, onde sua mãe já estava vivendo depois que o marido foi buscar toda a família em Campos e onde ele havia visitado, anos antes, dona Rita, a avó paterna. Foi trabalhar "agregado" para uma empresa de transporte de carga, ou seja, trabalhava para o dono de um caminhão que se filiava a uma empresa, no caso dele a Minas Gerais, para fazer transporte de cargas pelas estradas do Brasil. Saía do Rio com destino certo, mas na esperança de ter carga para trazer na volta.

Nessa vida já um pouco estável, com emprego fixo de caminhoneiro, Amaro arrumou família. Conheceu Carmem, uma moça de quem gostava muito, e foi com ela viver em Manguinhos. Não que tivesse se apaixonado porque Amaro nunca se apaixonou na vida e não acredita em paixão. "Paixão magoa, causa ciúmes, aí vêm as surpresas desagradáveis e muita gente faz besteira por causa de paixão." Por causa de paixão, pode ter certeza, Amaro nunca fez besteira.

Viajava muito, transportava arroz, feijão, carne pelas estradas afora. Sua vida era levar e trazer e passar uns poucos dias em casa. Como motorista de caminhão, Amaro trabalhou mais de oito anos. "Marinheiro e motorista de caminhão não tem diferença nenhuma", ele garante. A vida não era fácil. Do Rio para a Bahia levava quase um dia e meio atravessando Minas Gerais. Para os caminhoneiros, o maior sofrimento era atravessar o estado de Minas. Da Bahia, Amaro podia seguir para Pernambuco ou Paraíba. As estradas foram melhorando com o tempo, mas naquela época a chuva e a tempestade eram um grande problema. O motorista tinha de levar com ele enxadão, picareta, corrente de ferro e pá. Quando o caminhão atolava, era preciso se enfiar debaixo do carro para fazer dreno para levantar o pneu e conseguir sair da lama. Quase todo motorista carregava pedras para botar debaixo da roda. Muitas vezes, tinha de ficar esperando as máquinas dos municípios locais para puxar o caminhão. A alimentação era difícil. Em Minas, ainda era possível encontrar alguma coisa. Mas, mais ao norte, podiam-se andar quilômetros antes de encontrar um lugar para comer. Às vezes, o motorista parava perto de alguma casa na beira da estrada para pedir comida. Carne seca, feijão ou o terrível, para Amaro, bucho de bode.

O tempo em casa era muito pouco. Mal via a família. Muitas vezes era chegar, desengatar o cavalo de uma carreta para engatar em outra. Podia sair para São Paulo, mas nunca sabia para onde ou por onde voltaria. "Quando o caminho de volta do Rio Grande do Sul era o Rio de Janeiro, era uma beleza. Mas quando pegava carga para seguir adiante, em vez de carga de retorno, e ia do Sul para o Nordeste, aí era uma tristeza."

Amaro sempre trabalhou para alguém porque nunca conseguiu juntar "um capitalzinho a mais" para comprar um caminhão e botar outro para dirigir, como os agregados. Não tinha carteira assinada, mas carteira do Instituto de Aposentadoria e Pensões dos Empregados em Transportes e Cargas (Iapetec), e todos os motoristas tinham de ser sindicalizados. Sempre foi sindicalizado, desde que existiam os sindicatos carris — do bonde e outros transportes —, até o de transporte de carga. Mas Amaro só começou a se aprofundar na luta sindical de 1964 em diante. Depois, houve a unificação das representações e surgiu o Sindicato do Transporte. Em 1966, Amaro arrumou emprego na Companhia de Transporte Coletivo (CTC) e lá ficou até se aposentar em 1992.

Até a aposentadoria dos serviços de transportes, muita água ainda rolaria debaixo da ponte. Um belo dia, em 1962, ainda caminhoneiro, quando voltava de Curral Novo, onde tinha ido buscar laticínios, e já trabalhando "agregado" para as Mercearias Fênix, aconteceu uma coisa tão improvável quanto inusitada: a casa de Amaro em Manguinhos tinha sumido. Olhou, procurou, não achou. Como era noite, e sem saber o que fazer, foi dormir na empresa, muito intrigado. No dia seguinte, saiu para se informar e ficou sabendo que o pessoal daquele pedaço de Manguinhos havia sido removido para um lugar chamado Nova Holanda. Seu barraco tinha sido derrubado, junto com muitos outros.

A história dos barracos derrubados Amaro ficou sabendo depois. Reza a lenda que, a partir de uma viagem que fez à Holanda, onde conheceu habitações populares em bairros carentes, o então governador da Guanabara, Carlos Lacerda, resolveu trazer a experiência para a região da Maré. Batizou o novo lugar de Nova Holanda. Amaro sempre ouviu dizer que a ideia veio daí. O fato é que Lacerda, por volta de 1962, mandou aterrar uma parte da baía de Guanabara, ao lado do Parque da Maré. Ali foi construído um Centro de Habitação Provisório (CHP), disposto sobre uma malha ortogonal, com casas em série, idênticas, erguidas em madeira. Eram barracos de madeira construídos pelo Estado. Outra versão para a escolha do nome, que soa mais razoável, seria que o grande porte do aterro teria influenciado a decisão de se usar o nome Nova Holanda para o empreendimento, uma vez que o país europeu fica, em grande parte, abaixo do nível do mar. Como a Maré.

Os primeiros moradores chegaram em 1962, vindos da remoção de outras favelas, como a do Esqueleto (atual campus da Universidade do Estado do Rio de Janeiro — Uerj), da praia do Pinto, do morro da Formiga, do morro do Querosene e das margens do rio Faria Timbó. Manguinhos, onde Amaro morava, foi destruída, e os moradores removidos para a Nova Holanda.

As casas da Nova Holanda, construídas para abrigar essa população — de um ou dois pavimentos –, deveriam servir como uma etapa intermediária no assentamento definitivo das famílias em conjuntos habitacionais na periferia da cidade. A Vila Kennedy, por exemplo, construída na avenida Brasil, era um dos destinos planejados para a comunidade da Nova Holanda. Isso, no entanto, nunca aconteceu porque o projeto não teve continuidade política. E as casas provisórias de madeira acabaram se tornando definitivas. Para que os moradores adquirissem o que chamavam de "novos hábitos" de limpeza e higiene, o governo instalou ali a Fundação Leão XIII e um posto de polícia para controlar a vida local. Em 1984, um grupo de moradores criou a Chapa Rosa, que assumiu a Associação de Moradores da Nova Holanda. Nessa época, havia 12 comunidades na Maré e 12 associações. A Chapa Rosa dirigiu a associação até 1995.

Amaro conhecia bem a Maré, mas não toda. Mesmo sendo de lá, era difícil conhecer as 12 comunidades que formavam o complexo (hoje são 16). Conhecia a Baixa do Sapateiro, que ficava nos fundos da nova comunidade Nova Holanda. Foi procurar sua casa e informaram que o pessoal dali estava morando na Nova Holanda. "Onde é isso?" Na Baixa do Sapateiro. Manguinhos e favela do Esqueleto haviam sido removidas para lá.

Mais tarde, o pessoal da praia do Pinto também foi para lá, depois que pegou fogo. A favela, localizada no Leblon onde hoje é o condomínio Selva de Pedra, pegou fogo em maio de 1969 e as causas do incêndio nunca foram esclarecidas. Depoimentos orais dos moradores sobre o evento dão a entender que o incêndio foi provocado para que o Estado e a sociedade (os vizinhos dos bairros ao redor) conseguissem fazer a remoção forçada.

Além desses moradores, parte do pessoal da Penha, onde morava sua mãe, acabou também na Nova Holanda. Muitos trabalhavam no Caju, onde estava o estaleiro Inhaúma. Amaro foi um dos primeiros moradores. Seu barraco era na rua 5. À medida que a madeira dos barracos ia apodrecendo, os moradores começavam a construir casas de alvenaria. Quando foi para lá, ainda não existiam as palafitas, que se tornaram conhecidas mais tarde pela precariedade das habitações, afundadas no atoleiro do mar.

As palafitas apareceram, segundo Amaro, quando começaram a construir o túnel Santa Bárbara. É que as pessoas que moravam na Baixa e na Nova Holanda passaram a chamar seus parentes do Nordeste para as vagas na obra do túnel. Eles vinham e ficavam, muitos nordestinos, especialmente pernambucanos. A maioria não voltou. Muitos foram morar no Caju por causa da proximidade da Feira de São Cristóvão.

Depois veio a construção do túnel Rebouças (que começou em 1962 e foi aberto para o tráfego em 1967) e novas levas de nordestinos vieram para o

Rio, para trabalhar na obra. Uma grande parte foi morar na Maré, e a grande maioria por lá ficou depois da obra concluída. Nessa altura, foram surgindo as palafitas da Maré por necessidade de moradia para as famílias que foram se transferindo para lá. Fincavam-se os paus na lama, uns se apoiavam nos outros, e os barracos iam sendo construídos sobre aquela madeira, que formava as ruas e os becos, atrelados aos barracos. Aquilo foi se alastrando. Não havia mais espaço para moradia no Caju ou em outros locais Uma tábua era pregada na outra e na outra, e ia se formando aquela vila de barracos de pernas finas enfiadas na água.

As palafitas, construídas em terreno totalmente insalubre, perduraram até início dos anos 1980. Por iniciativa do governo do então presidente João Figueiredo (1979-1985) foram construídas 2.600 casas para abrigar a população que vivia nas palafitas da Baixa do Sapateiro, Roquete Pinto e Nova Holanda. Para tirar todo mundo das palafitas foi preciso encontrar um lugar. Escolheram o novo local em Manguinhos, também no Complexo da Maré, que passou a se chamar Vila do João. O conjunto habitacional da Vila do João foi erguido pelo Projeto Rio, do governo federal, no início da década de 1980, com 2.600 domicílios destinados a abrigar as pessoas que viviam em palafitas na Baixa do Sapateiro. O nome é em homenagem a Figueiredo, o último general da ditadura militar que durou 20 anos — de 1964 a 1984. O próprio Figueiredo inaugurou a nova comunidade. À medida que as pessoas deixavam suas casas nas palafitas, os barracos iam sendo destruídos. Por volta de 2012, a Vila do João já contava com 4 mil casas e 12 mil habitantes.

Mas era muita gente, e a Vila do João não deu conta. Muitos foram transferidos para a Vila do Pinheiro. Dentro da vila fizeram o Conjunto Pinheiro. Mesmo assim, não deu vazão. Fizeram, então, o Salsa e Merengue. Ainda assim, não deu. Então, construíram o Parque Ecológico na Ilha do Macaco, que pertencia ao Instituto Oswaldo Cruz, no terreno onde se faziam testes com animais. Aterraram e fizeram o Parque Burle Marx, onde fica hoje a vila olímpica, perto da Linha Vermelha.

A casa de Amaro na rua 5 era próxima da casa da sua família, pai e mãe, na rua 8, perto da comunidade de Tancredo Neves. Quando eles morreram Amaro foi para a casa deles e vive lá até hoje. Mas o fato de ter uma casinha e um emprego não era suficiente para Amaro. Incomodava muito ver crianças crescendo dentro da cidade do Rio de Janeiro, então capital do país, sem escola, sem saúde. "Eu via aquelas crianças, a falta de hábito, na favela, de mandar as crianças para a escola, e o tráfico sugando elas. Pensei: 'alguém tem que fazer alguma coisa'". A partir dessa preocupação, Amaro começou a se envolver com a organização da comunidade.

Nessa altura, Amaro já trabalhava na CTC como motorista de ônibus. Começou lá em 1966. Viu muita gente dos sindicatos ser perseguida pela ditadura, e o transporte era uma área que tinha uma grande atuação política. Foi na sua atuação dentro do sindicato que viveu a repressão.

A partir da sua vivência sindicalista, Amaro começou a se envolver com a política partidária. Quando Leonel Brizola e outras personalidades promoveram, em Portugal, o encontro dos trabalhistas do Brasil com trabalhistas no exílio com o objetivo de fundar um novo partido, que seria o Partido Democrático Trabalhista (PDT), Amaro participava ativamente, na CTC, da política sindical. Do encontro em Portugal, produziu-se a Carta de Lisboa, documento que continha as bases programáticas do partido, que viria a ser fundado em 1980, quando Brizola já voltara do exílio, com o registro concedido em 1981.

Amaro não tinha ideia de quem era Brizola. Só foi saber quando, no sindicato, participou do apoio às famílias dos sindicalistas que tiveram de sair do país, recolhendo alimentos e donativos. "Os sindicalistas eram todos brizolistas. Eu fui no barco." Amaro chegou a presidir um núcleo do partido dentro da Maré. Sua filiação ao PDT e o processo do trabalho social na Maré foram se desenvolvendo juntos.

Quando frequentava as reuniões do partido lia tudo o que encontrava ou que caía em suas mãos. Até hoje tem livros do PDT em casa. Amaro acompanhou a movimentação do PDT. Filiou-se ao partido porque queria "mudar o país" e achava que o país tinha de mudar. Quando José Carlos Brandão Monteiro assumiu a Secretaria Estadual de Transportes do primeiro governo Leonel Brizola (1983-1987), no Rio de Janeiro, Amaro se aproximou dos políticos pedetistas.

Era, então, o primeiro mandato do governo de Brizola. Foi criado um grande parque industrial da companhia estadual CTC, que fabricava carrocerias, baterias, alternadores, dínamos, fazia recauchutagem de pneus e muitas outras coisas. Nesse grande espaço, foi construída uma escola para os filhos dos funcionários da empresa. Logo Amaro percebeu que a escola Brandão

Monteiro, da CTC, para os filhos dos funcionários, era uma oportunidade para as crianças da Maré.

A CTC tinha cerca de 10 mil funcionários. Quando começou no emprego, Amaro era motorista, mas depois passou a trabalhar na mecânica, dentro das garagens, e a frequentar mais aquele ambiente. Uma das coisas que mais chamavam sua atenção era saber que boa parte dos filhos dos funcionários não frequentava a escola porque ia a escolas particulares. Amaro não se conformava que a escola fosse para tão poucos. Voltava para casa e, em sua comunidade, via as crianças jogando bola, soltando pipa, soltas por ali, fora da escola. "Vou levar essas crianças para estudar", pensou.

APRENDIZ DE MILITANTE

A porta de entrada para a militância política foi aberta pela sua participação nas lutas sindicais, que já tinham despertado sua militância social. Amaro juntou-se a políticos como Brandão Monteiro. Reunia-se com militantes do partido na casa de Brizola, em Copacabana, não faltava aos encontros no sindicato e participava das lutas em torno das questões trabalhistas. Nessas ocasiões, absorvia o *modus operandi* da política e desenvolvia seu espírito conciliador e de negociador. Passou a conhecer o presidente da CTC e tornou-se suplente de delegado da 11ª Convenção do PDT. Foi numa dessas reuniões que aproximou-se de Brizola para propor a entrada das crianças da Maré na escola da CTC.

Apresentou a ideia nas reuniões do sindicato e chegou a falar com o então governador Leonel Brizola. Na escola, disseram que poderiam acatar sua ideia, mas queriam saber quem iria se responsabilizar pelas crianças. Naquela época, a Nova Holanda era uma comunidade em conflito permanente. Era das mais violentas do Rio. Ninguém que quisesse arrumar emprego podia dizer que morava lá. Por isso a preocupação do pessoal da escola em ter alguém responsável pelas crianças.

Amaro não titubeou um instante. Tomou para si a responsabilidade e foi à luta. Conseguiu levar as crianças do Timbau, Marcílio Dias, Parque União, Baixa do Sapateiro, Nova Holanda, Roquete Pinto, Parque Maré e outras comunidades. Botou umas 800 crianças para estudar na escola Brandão Monteiro. E ficou responsável por elas. A matrícula das crianças era feita através das associações de moradores das comunidades e elas eram levadas para a escola no parque industrial de Triagem. Iam pela manhã, tomavam café da manhã, estudavam, almoçavam e depois iam para os cursos profissionalizantes de informática, mecânica, elétrica.

A UNIMAR E O COMEÇO DA LIDERANÇA COMUNITÁRIA

A consciência social foi chegando aos poucos. Enquanto ganhava experiência com a militância política, Amaro via a comunidade crescendo. Ficou conhecido na favela onde vivia. Viu muita gente nascer, muita gente morrer. Quando trabalhava com caminhão muitas vezes distribuía para a comunidade o arroz, o feijão e outros alimentos que caíam dos sacos furados. Ia para lá, encostava o caminhão, varria tudo que tinha sobrado na carroceria e dava para as pessoas. Às vezes transportava maçã e bacalhau, e dividia as sobras. Ficou, então, muito conhecido. Todo mundo sabia quem era o Amaro. A partir dessa atitude espontânea, começou a se envolver mais e mais.

A preocupação com o destino das crianças em sua comunidade angariou muita simpatia. Na empresa em que trabalhava, aproximou-se de colegas sindicalistas, Acreditava que a luta política dentro do sindicato poderia abrir espaço para outras lutas dentro da sua comunidade. Militou no sindicato por mais de 40 anos, até se aposentar, mas nunca abandonou a luta.

No primeiro mandato de Leonel Brizola (1983-1987), Amaro estava engajado no movimento político do partido. No segundo mandato do Brizola, já conhecia muitos políticos e passou a atuar na comunidade. Participava, de alguma forma, dos movimentos e estava sempre presente onde quer que houvesse uma ação em benefício da Maré. Portanto, só passou a se envolver mesmo com a comunidade nos anos 1990.

Com o trabalho com as crianças, começou a conhecer mais as pessoas dentro da Maré e acabou escolhido por um grupo de moradores para encabeçar a Chapa Branca, que concorreria com a Chapa Rosa, que comandava a associação há 11 anos, desde 1984. Pouco tempo depois, liderava a Associação de Moradores da Nova Holanda. Fez um trabalho de rearrumação na associação. Decidiu atuar em duas linhas de frente: acertar a situação da associação e abrir postos de saúde para a população. Legalizou a entidade, acertou o pagamento dos impostos, organizou os pagamentos dos funcionários da creche da associação que estavam com seus salários atrasados.

Começou, então, a procurar as secretarias, a se apresentar aos políticos e às autoridades. E eles procuravam Amaro por causa da sua influência na comunidade através da associação.

Mas ele via que os políticos atendiam a umas comunidades e não a outras. "Um vereador pegava uma comunidade pequena, falava com a associação, perguntava o que precisava, enganava um, enganava outro, e colocava alguma coisa lá para conquistar voto. As outras comunidades não eram contempladas; eram esquecidas." Diante disso, Amaro e outros companheiros líderes de outras associações dentro da Maré chegaram à conclusão de que era preciso haver uma união de todos para fortalecer a comunidade. Ao verem esses resultados, as outras associações foram procurar Amaro. O mote seria: onde se faz para uma, se faz para todas — ou não tem voto.

Assim, em 1995, nasceu a União das Associações de Moradores do Bairro da Maré, a Unimar, a partir dessa necessidade social e política de as associações agirem coletivamente e não cada uma por si. Foi escolhido um presidente, e Amaro foi eleito como diretor executivo. A Unimar passou a assumir compromissos com toda a comunidade: saneamento, habitação, educação estavam sempre na pauta do dia. Pouco depois, Amaro foi escolhido, pela diretoria, presidente da Unimar.

O processo de amadurecimento político de Amaro junto à coletividade coincide com a volta da liberdade política no Brasil depois de 20 anos de ditadura militar, quando não havia liberdade de expressão, sindicalistas eram perseguidos. Nesse momento a política volta a ser instrumento de luta para a recuperação da cidadania.

Durante sua gestão foi criado o movimento do Gari Comunitário. A Unimar assumiu a responsabilidade de treinar e acolher um grupo de 120 garis na Maré. "Começamos a fazer um trabalho de defesa do meio ambiente. Cada comunidade tinha um determinado número de garis. A Comlurb apoiou. Começamos a fazer um trabalho de reciclagem de lixo, e aí as coisas começaram realmente a mudar."

Depois que levou as crianças da Maré para estudar na escola da CTC, Amaro começou a tomar gosto pelo trabalho social. Na presidência da Unimar, foi ganhando experiência e assumindo responsabilidades. Levou o aprendizado de militante de sindicato para organizar a comunidade. Foi um período em que leu muito, aprendeu muito, talvez tanto quanto no período em que esteve na Aeronáutica. Cada vez mais se conscientizava de que a própria comunidade é que era responsável pelas mudanças que queria fazer. Botar a mão no fogo tinha seu preço, e muita gente tinha medo de se queimar. Mas Amaro, não. Não vivia daquilo, tinha de onde tirar seu sustento e encarava tudo sem medo. "Ser de um partido que estava no poder me facilitava", contou, referindo-se ao PDT, ao qual era filiado. Na Unimar, Amaro criou, junto com seu grupo, um livro em que anotavam tudo relacionado à Maré: desde habitação até pontes e área de lazer.

Uma vez, Amaro leu numa revista que um rio nos Estados Unidos tinha pegado fogo. Pensou na Maré e ficou apavorado. Entrou numa batalha para despoluir os canais que atravessam a comunidade e diz que não foi fácil. Tempos depois, estourou um duto de gás na avenida Brasil, próximo ao rio Faria Timbó, que passa na favela Parque União. Não pegou fogo porque já vinham dragando e limpando. "Íamos encontrando os problemas aos quais governo nenhum dava atenção. Íamos fazendo e buscávamos ajuda do estado, da prefeitura, do governo federal. E assim, as coisas iam acontecendo." Tem muita gente que diz que Amaro era, praticamente, um prefeito da Maré.

Amaro acredita que com o fim da ditadura militar no Brasil as comunidades começaram a se organizar. Não considera que levou lá para dentro o conhecimento político partidário, nem a política social. "Não sei até onde contribuí com isso. Mas lembro que o número de instituições lá dentro era mínimo." A escalada da participação de Amaro nas lutas sociais começou com sua ação para conseguir que a escola Brandão Monteiro, dos filhos dos funcionários da CTC, aceitasse as crianças da Maré. Foi só o primeiro passo. A luta continuou a partir daí. Sua preocupação com as pessoas que queriam trabalhar e eram excluídas por causa da discriminação territorial imposta pelas facções do tráfico resultou na implantação de uma cooperativa que ajudou a reduzir o problema, buscando emprego e trabalho para todos que quisessem.

Como diretor da Unimar, Amaro viajou bastante para estados como São Paulo e Santa Catarina, e corria atrás do presidente da Caixa Econômica, para ver se conseguia os documentos para as casas da Maré. Lançou-se na briga para melhorar a situação da saúde na comunidade. Nesse meio-tempo, o primeiro presidente foi afastado da Unimar. Ficou apenas cinco meses no cargo porque, segundo Amaro, ele começou a trabalhar em benefício próprio. Assim, foi feita nova eleição e Amaro foi escolhido presidente, ganhando mais espaço e poder para atuar. Presidiu a Unimar por sete anos.

Na luta para levar para a Maré o programa Médico de Família, esbarrou num obstáculo: conta Amaro que o programa só podia ser adotado em comunidades de até 6 mil habitantes, porque os médicos atuavam por módulos e cada módulo atendia 900 pessoas. Com a população da Maré — que tinha cerca de 60 mil habitantes naquela época –, teriam de criar mais de 60 módulos e as autoridades diziam que não tinham dinheiro para isso. Reuniram-se na Unimar com sanitaristas cubanos, mas não conseguiram aplicar o programa Médico de Família.

Amaro conseguiu levar o então secretário municipal de Saúde, o médico Ronaldo Gazolla, para um encontro na comunidade. Gazolla sugeriu, então, a criação de postos de saúde simplificados, que seriam espalhados pela comunidade, e cada posto teria um número de médicos correspondente à população de cada área. Gazolla e o vereador José Morais, do PFL, ajudaram, e o primeiro posto de saúde simplificado foi instalado na Maré. Mas a violência afastava os médicos, e a primeira tentativa não funcionou. Embora a Maré fosse cercada de hospitais, à noite ninguém saía de casa porque tinha medo. E de dia, o único acessível era o Hospital Geral de Bonsucesso, que vivia superlotado.

O fato é que ninguém queria ser o diretor do tal posto, os médicos estavam com medo. Foi quando Amaro perdeu a paciência e disse: "Me dá isso pra cá que eu vou ser esse diretor". Sua primeira iniciativa foi convidar os médicos para conhecerem a comunidade. "Vamos dar um passeio na Maré comigo?" Eles toparam e Amaro caminhou com eles por dois quilômetros, do Conjunto Esperança até o Parque União. Foi apresentando os médicos à comunidade, todo mundo aplaudindo. "Eram uns 30 médicos e enfermeiros, e saímos passeando. Eles eram aplaudidos por onde passavam. Os médicos se tomaram de coragem e conseguimos abrir." O primeiro posto de saúde da Maré foi inaugurado, então, com Amaro como diretor.

Nessa época, ainda funcionavam os Centros Integrados de Educação Pública (Cieps) criados por Darcy Ribeiro, com projeto de Oscar Niemeyer e instalados no estado do Rio de Janeiro no governo de Leonel Brizola. Eram escolas que tinham por objetivo oferecer ensino de qualidade em horário integral aos alunos da rede estadual, além de refeições completas e atendimento médico e odontológico. Com essas escolas em funcionamento, Amaro teve a ideia de pedir a Niemeyer que liberasse os postos dentários para que eles se transformassem, na Maré, em postos de saúde. Reuniu um grupo e foi até o famoso arquiteto. Niemeyer liberou, e assim foram criados os novos postos na comunidade.

O primeiro posto aberto foi na Nova Holanda. Depois de 30 dias, foram abertos os postos nos Cieps. Mas ainda havia problemas. Gazolla chamou Amaro e disse que ninguém conseguia abrir o posto da Vila do João, na Maré, considerada uma das mais violentas comunidades do complexo. "Manda pra mim", respondeu na mesma hora. Amaro convocou uma reunião com "os meninos do movimento", o pessoal do tráfico, sentou com eles e falou:

— Olha, vocês adoecem, seus filhos adoecem, seus pais adoecem, suas mães, ninguém fica em pé, vem o mosquito e morde, vocês quase morrem. Tem que ter um posto aqui. E aí? Estou com um posto ali para abrir.

— Quem vai abrir, seu Amaro?

— Se vocês concordarem, eu vou abrir.

— É o senhor quem vai comandar ele?

— Sim.

— Então, abre.

O posto está aberto até hoje, na Vila do João. Foi o último a ser aberto, num posto da Universidade Federal do Rio de Janeiro (UFRJ) que não conseguia ficar aberto e que Amaro reabriu e comandou por um período.

AMARO RECEBE A MEDALHA PEDRO ERNESTO, NA ASSEMBLEIA LEGISLATIVA DO RIO DE JANEIRO

"QUANDO COMEÇAM A DAR TIROS, NÃO DÁ PARA FICAR EM PÉ. TODO MUNDO TEM QUE SE ABAIXAR." — AMARO

CAPÍTULO 3

OS ATALHOS PARA SE CHEGAR LÁ

"VIM FALAR COM O MINISTRO PELÉ"

A semente da militância social já estava plantada em Amaro quando ele começou, de fato, a se envolver com as questões da comunidade, ao mesmo tempo que via a situação se deteriorar e agravar com o aumento da violência. Mas bem antes que a ideia da Vila Olímpica da Maré se tornasse projeto e se concretizasse, e antes também de liderar qualquer associação comunitária, Amaro tinha olhado para aquelas crianças soltas na rua, sem escola. Viu a importância fundamental de elas estudarem. E começou a pensar que só as escolas e Cieps não bastavam. Era preciso também botar aquelas crianças para fazer esporte e cursos técnicos. Educação, pensou, era a saída: "O que substitui o fuzil ou uma bala é uma caneta, um caderno".

Enquanto isso, a violência e o descaso das autoridades com a Maré só aumentavam, aos olhos de Amaro: "A sociedade não tomava conhecimento, o governo não olhava e o movimento criminoso foi se organizando a partir da ausência do Estado. Se alguém roubasse a casa de alguém, morria. Ia dar parte aonde? Na época não existia delegacia da mulher. Um homem violentava uma mulher? Morria. A Justiça funciona assim nessas comunidades. Desta forma e muito rápido. Por um lado era mais garantido lá dentro do que fora. Lá ninguém entra na sua casa, não rouba seu carro, seu bujão de gás. Se roubar, morre. A imprensa, porém, olha a comunidade como violenta e daí surge a discriminação".

Amaro se ressentia da fama que "colava" nos moradores da Maré. Quem morava na Nova Holanda e queria arrumar emprego fora tinha que dizer que morava em Bonsucesso ou São Cristóvão. "Porque senão já iam achar que o cara era violento ou ladrão. Preconceito. Para combater, só fazendo a sociedade olhar com outros olhos. Por isso eu pegava as crianças e levava para estudar. E levava as pessoas para visitarem a comunidade."

Certa vez — num encontro com Pelé, relatado mais adiante — Amaro disse ao então ministro dos Esportes: "Se você estiver dentro da comunidade da Nova Holanda e alguém passar num ônibus vai dizer 'olha lá os marginais'. O comentário e a propaganda negativa tornam a comunidade violenta. É preciso mostrar que não é assim. Para combater essa discriminação é preciso levar as pessoas para conhecerem a comunidade. Porque não é a pessoa, é o local. É preciso mostrar à sociedade que tem gente que quer fazer alguma coisa".

Ao iniciar sua vida de líder comunitário, Amaro percebeu que a saída para transformar essa mentalidade era tentar mudar o modo de pensar não apenas das pessoas de fora da comunidade, mas também das lá de dentro. Era importante conscientizar os envolvidos com o tráfico, os fora da lei, de que eles não podiam fazer sua família refém daquela situação, que deviam botar seus filhos para estudar, que o fato de eles estarem ali naquela atividade era porque o destino os levara para esse caminho. Era preciso abrir, para todos, as portas dessa nova oportunidade. Mas como? Esse sentimento e essa vontade de mudar já pavimentavam uma estrada nova à sua frente quando apareceu, pela primeira vez, a ideia da construção de uma vila olímpica na Maré.

A situação era favorável. Pelo menos havia um acontecimento que abria uma brecha para se pensar em algo de permanente para a Maré, como a vila. O Rio de Janeiro anunciava, em 1995, sua candidatura para sediar os Jogos Olímpicos de 2004 e estava prestes a receber a visita do Comitê Olímpico

Internacional (COI). A expectativa era grande. O Viva Rio, organização criada em dezembro de 1993 para ajudar na formulação de políticas públicas que promovessem a cultura de paz e a inclusão social, participava do grupo empenhado em tornar o Rio viável para sediar as Olimpíadas de 2004. E acreditava na contrapartida de uma vila para a Maré. Pensou-se que se o Rio ganhasse o direito de sediar os Jogos Olímpicos de 2004 poderia ser construída, como contrapartida à do Fundão, outra vila olímpica, agora no Complexo da Maré.

A ideia foi se consolidando dentro da Unimar, a União das Associações de Moradores do Bairro da Maré, numa reunião com todos os 12 presidentes de associações das comunidades existentes convocada para discutir as prioridades para o Complexo da Maré. "Pensamos que precisávamos nos afastar desses projetos que acabam na hora em que mudam os governos. Queríamos algo que permanecesse atrelado ao governo, mas de forma permanente", conta Amaro.

Na reunião pretendia-se que cada representante apresentasse uma ideia que achasse prioritária para toda a comunidade. Falou-se em saneamento das valas negras, educação, construção de um centro de cidadania etc. Entre as ideias, surgiu a proposta de apoiar o projeto de uma vila olímpica. Seria uma maneira de ter uma instituição dentro da Maré com responsabilidade de governo em relação a educação, saúde, lazer e habitação. E a oportunidade surgia naquele momento.

Acontece que, na época em que transportava carga para a construção da ponte Rio-Niterói, Amaro conheceu um engenheiro chamado Edgar Amaral. Ficaram amigos e sempre conversavam muito sobre o sonho de ter um lugar para as crianças praticarem esportes na Maré. Edgar foi chamado para essa reunião da Unimar. Logo ele se prontificou a fazer o projeto de uma vila olímpica. Com esse projeto, Amaro ia a todos os lugares em que havia reuniões ou encontros com autoridades.

O primeiro contato de Amaro com o Viva Rio, presidido pelo sociólogo Rubem César Fernandes, ocorreu em 1996, no momento em que a organização se reerguia depois de um período complicado. No final de 1995, o Viva Rio estava prestes a criar o movimento Reage Rio. A violência no Rio escapava do controle, enquanto o tráfico de drogas consolidava suas bases nas favelas. Planejou-se um grande debate dos conselheiros do Viva Rio para discutir se as favelas do Rio entrariam ou não no movimento Reage Rio. Havia uma grande desconfiança por parte das comunidades. Mas um fato que aconteceu às vésperas desse debate, contado aqui por Rubem César, teve peso na decisão. "O então governador Marcello Alencar sentindo-se ameaçado, sei lá por que, talvez pela movimentação, teve uma reação intempestiva. Mandou 'plantar' cocaína na Fábrica da Esperança, onde atuávamos, e disse que estávamos associados ao tráfico de drogas. Isso gerou enorme confusão. Nós éramos ainda ingênuos em relação à reação possível do mundo político. Era 1994, a democracia apenas recomeçava." Esse fato precipitaria a decisão de incluir as favelas: "Agora mesmo é que vamos cair dentro de favela", pensou, então, Rubem César.

A aproximação do Viva Rio com a Maré e com Amaro se deu a partir de então. Pouco tempo depois, Amaro foi convidado para fazer parte do conselho do Viva Rio. A essa altura, já tinha mudado o prefeito. Saiu Cesar Maia e entrou seu vice, Luiz Paulo Conde. Amaro era um conselheiro do Viva Rio muito ativo. O conselho também funcionava a todo vapor. Eram quase 30 pessoas de vários segmentos. Amaro se reunia com conselheiros como João Roberto Marinho, das organizações Globo, Manoel Francisco Brito, do *Jornal do Brasil*, Lula Vieira, Ricardo Amaral, Roberto Medina, Zuenir Ventura. Tinha gente da mídia, publicidade, ciência, favela, além de lideranças sindicais, como Antonio Félix de Antares. Nos almoços, Amaro foi se tornando uma voz indispensável. Rubem César descreve sua presença: "Quando ele falava, com autoridade e objetividade, todo mundo ouvia. Amaro tinha uma fala mais bruta, mais crua, mais interessante e impactante, um jeito direto. A entrada dele no conselho foi um momento forte de estreitar relações com as favelas".

Rubem César acredita que se essa rede não existisse não se conseguiriam implementar os programas mais consistentes nas áreas de saúde, saúde da família e saúde mental nas comunidades. "Formamos uma rede de lideranças de favela que está conosco até hoje e foi se desenvolvendo e ajudando a formar uma cultura institucional, de olhares, de jeito de entrar e sair das coisas. Na favela, se não souber sair e entrar vai se dar mal. Esse pessoal passou a ser fundamental em qualquer projeto nosso."

A verdade é que, desde o início das suas atividades, o Viva Rio vinha se aproximando da comunidade do Complexo da Maré. A candidatura do Rio a sede dos Jogos Olímpicos era um motivo forte para o envolvimento da instituição com a Maré, uma vez que boa parte do corredor por onde as autoridades do COI iriam passar após deixar o aeroporto do Galeão era justamente a via da Linha Vermelha, ao longo de todo o complexo. Era a porta de entrada da cidade. Seria importante envolver a comunidade na recepção.

"Desta forma, o Viva Rio procurou o pessoal da Maré e as suas lideranças comunitárias para ter mais acesso aos moradores. Na época havia um movimento ambiental interessante, havia uma agenda para a limpeza do canal do Cunha, que estava todo empesteado. Isso fez também com que nos aproximássemos da Maré. Foi assim que conhecemos Amaro", conta Rubem César. Amaro era, naquele momento, a principal liderança da comunidade. Era ainda diretor da Unimar, que reunia as então 12 associações de moradores das comunidades existentes. A ideia era reunir todos para pensar um evento que ajudasse o Rio no pleito pelos jogos.

Se o Rio ganhasse, a Cidade Olímpica seria construída na ilha do Fundão, bem ao lado da Maré, e alguma vantagem haveria de se ter com essa proximidade. As associações e o Viva Rio se juntaram para incluir a Maré na recepção ao COI, e o que aconteceu encantou as autoridades e os membros do comitê: dezenas de crianças da Maré enfileiraram-se ao longo da via, bandeirinhas em punho, para recepcionar as autoridades.

Como liderança expressiva que era, Amaro tinha a capacidade de falar com todos, em todos os níveis de comando na favela, a qualquer dia e a qualquer hora. Sua imagem de líder e gestor ainda se consolidava, mas ele já tinha o respeito de todos. Por sua atuação nas conversas com o Viva Rio e sua compreensão da relevância de um projeto esportivo daquele porte na Maré, Amaro ganhou importância nas negociações do projeto e levava a ideia para cima e para baixo.

Mas só a ideia não bastava. Era preciso correr atrás da viabilização da vila. Anos depois, com o projeto na mão, feito pelo engenheiro, e com Pelé já como ministro dos Esportes, a Unimar lançou a pergunta: quem vai a Brasília falar com Pelé? Amaro não teve dúvidas: "Me dá aqui que eu vou". Era 22 de abril de 1996 quando Amaro, sua mulher Leontina e outro colega desembarcaram em Brasília, depois de viajar várias horas no ônibus de uma organização de idosos — cerca de 40 pessoas que foram fazer reivindicações — que saiu da Maré para a capital. Chegaram muito cedo e foram dormir um pouco ao lado da catedral, dentro do ônibus.

Quando o dia de trabalho já havia começado em Brasília, Amaro foi procurar o prédio do Ministério dos Esportes. Ao chegar lá, ficou sabendo que toda a equipe estava fazendo um trabalho no Ministério da Saúde. E Amaro se despencou para lá. "Fui com a cara e a coragem." Não tinha audiência marcada. Simplesmente chegou lá e disse:

— Vim falar com o ministro Pelé.

— Tem audiência marcada?

— Não. Vim falar pelo Rio de Janeiro.

A fila era grande. Governadores e vereadores de vários estados pedindo projetos para o ministro. Como Amaro mesmo disse, ele era o único "plebeu". E foi o último a ser chamado. Quando ia entrando, Pelé se preparava para sair. Ia pegar o avião para a África.

— Puxa, ministro, preciso falar com o senhor.

— O que você quer?

— Vim aqui falar sobre um projeto de esportes que queremos colocar no complexo da Maré, no Rio.

— Todo mundo vem aqui pedir alguma coisa, mas ninguém tem projeto.

— Mas nós temos projeto.

Amaro mostrou o *book*, com os detalhes do projeto da vila olímpica. Quando Pelé viu aquilo, parou. Chamou o Santos, então seu braço direito no ministério, e explicou a Amaro:

— Tenho de sair porque meu voo é agora. Santos, recebe ele aí porque ele tem todo o planejamento do projeto.

Amaro entrou no gabinete, falou ainda um pouco com Pelé e, depois que o ministro saiu, entregou ao Santos uma cópia do projeto, que tinha de tudo: construção de habitação, esporte, saneamento, obras. Todo o gabinete ficou encantado.

— Puxa, é disso que a gente estava precisando, disse Santos.

Amaro voltou de Brasília com a cópia do projeto da vila olímpica assinada e a promessa do envio de R$ 10 milhões para a vila. Reuniu o pessoal na Unimar e mostrou sua façanha. Decidiram que ele iria falar com o governador Marcello Alencar. Marcou hora e foi, mas o governador não aprovou. Foram então ao prefeito Cesar Maia. "Ele achou o projeto maravilhoso e disse que, se o governo federal colocasse R$ 1 no projeto, a prefeitura também botaria R$ 1. E falou: "Vamos fazer, que é importante".

A princípio, o projeto estava destinado à Vila do Pinheiro. Mas lá, o que mais se precisava era de casas. O então secretário municipal de Habitação ofereceu outro espaço para a vila, o parque Burle Marx, que tinha 100 mil metros quadrados. Levantou-se, antão, um grande problema, que era a divisão dos espaços da Maré entre as lideranças dos chamados "movimentos", ou seja, quem pertencia a uma comunidade não se atrevia a atravessar para outra, com medo dos traficantes de drogas. Os territórios eram comandados por diferentes facções e morador de um território não se aventurava a entrar no outro. Também havia uma divisão, marcada por um valão, que separava os pobres dos mais pobres. Os conflitos dificultavam a implantação dos projetos sociais. Amaro não se intimidou. "Vamos tocar a construção. Os conflitos, deixa comigo."

Mas a ideia, no início, não era consenso. "Quando criamos a vila, um grupo de deputados e vereadores foi contra. Depois eles voltaram e começaram a dizer que eles é que fizeram. Eu fico quieto não falo nada. No caso do piscinão de Ramos eu fui o primeiro a sentar e discutir isso junto com (Alfredo) Sirkis. Depois passou o tempo e a ideia passou a ser de outro. Mas deixa pra lá. As ideias são lançadas, as pessoas copiam."

A obra começou em 1996, no governo do prefeito Luiz Paulo Conde. O terreno foi cercado e começou a construção do ginásio, das arquibancadas, da piscina. Começaram a ser instaladas as torres de iluminação. Finalmente Amaro começava a acreditar que aquilo tudo ia sair do papel. "Minha emoção teve início quando esses prédios começaram a ser construídos. Comecei a acreditar que o governo ia fazer alguma coisa em benefício de uma comunidade. Cada dia, cada estaca, era uma emoção."

A construção da piscina encheu Amaro de orgulho. Surgia a primeira piscina olímpica do município do Rio. O prefeito Conde acompanhava a obra e estava sempre presente, toda semana. Como era arquiteto, foi mudando algumas coisas do projeto original e Amaro acredita que foi melhor assim. Durante a obra da piscina, falou-se em construir um campo de atletismo. Amaro recorda que, nesse dia, Conde apareceu lá com o Chiquinho da Mangueira, que ajudou a implantar o projeto da Vila Olímpica da Mangueira, trabalhando pela inclusão de jovens no esporte e que depois entrou para a política carioca.

A Vila Olímpica da Mangueira foi a primeira do Rio, mas era do estado. Chiquinho foi visitar as obras na Maré, e quando soube que queriam fazer a pista do campo de atletismo com borra de carvão, aconselhou Amaro a fazer com piso sintético, porque a de carvão sujava muito o entorno. Mas não aconteceu.

Começaram a surgir várias novas ideias que iam sendo adaptadas ao projeto original. Quadra de vôlei, tênis, *handball* e outras modalidades de esporte iam sendo acrescentadas à vila. Amaro não desanimava. "Quando comecei a lutar, correr atrás da construção da vila, eu ouvia as pessoas dizerem: 'Você é um sonhador. Como vai construir uma vila em cima de um pântano? Isso é campanha política'. Mas eu nunca desanimei, sempre fui atrás do meu sonho. Tenho um Deus maravilhoso. Boto Deus na frente e vou atrás."

Mas à medida que a vila ia aparecendo concretamente, uma dúvida surgia no meio das obras: como colocá-la para funcionar? Metade da construção estava pronta e era preciso saber como aquilo tudo ia ser gerenciado. Amaro matutava sobre isso. A vila estava sendo construída e ele tinha ouvido falar que na Coppe (Instituto Alberto Luiz Coimbra de Pós-Graduação e Pesquisa de Engenharia), da Universidade Federal do Rio de Janeiro (UFRJ) existia um programa de esporte. Tinha conhecido um doutorando do Coppe na Maré, com quem havia conversado muito sobre isso.

Um dia, quando subia o viaduto da Linha Amarela, olhou lá de cima na direção do Fundão, onde há um prédio com o emblema da Petrobras, onde fica a Coppe. Olhava, olhava e pensava: "Puxa, se eu pudesse botar a vila olímpica para funcionar...". E, de repente, recebeu um telefonema do coronel Luiz Antonio, que trabalhava na Coppe:

— Alô, seu Amaro, somos da Coppe e queremos conversar sobre a vila olímpica.

— Ah, é?

— Seu Amaro, dá pra gente fazer uma parceria? Venha conversar.

— Como? Onde é?

— É um prédio no Fundão, com emblema da Petrobras.

— Puxa, estou em cima do viaduto olhando para aí agora. Isso é transmissão de pensamento.

Na verdade, Amaro foi descoberto por um doutorando da Coppe que fazia um trabalho na Maré. Foi ele quem falou com Luiz Antonio sobre o projeto olímpico de Amaro. No dia seguinte Amaro estava lá, conversando com Luiz Antonio e Sandra Maria Barros Garcia, no laboratório de excelência da Coppe, porque queria o melhor para a vila, queria ir além do esporte. Começaram, então, conversações para decidir qual a melhor maneira de gerir a vila. O professor Fantine pediu a Valeska Xavier, hoje gestora do projeto Educar pelo Esporte, para fazer um levantamento na Maré para entender qual a melhor maneira de a vila criar uma interlocução com a comunidade para que o funcionamento do projeto já começasse dando frutos.

Marcaram outra reunião, desta vez com a participação de Rubem César, do Viva Rio, e de Jairo Coutinho, médico do Fundão e gestor do Criança Esperança. Sandra conta que foi várias vezes ajudar na pesquisa. "Era tanta lama que nossos sapatos ficavam com um degrau de barro. Na terceira reunião, Amaro levou todos os 16 presidentes das associações que formavam a Unimar. No laboratório, iniciaram-se muitas reuniões com todos os líderes comunitários da Maré para construir um modelo teórico que partisse do desejo da comunidade. Pode-se dizer que a vila nasceu de um desejo da comunidade.

A ideia era que a vila olímpica tivesse um alcance social pleno, e não fosse somente um projeto esportivo. Todos juntos, sob a liderança de Amaro, começaram a formatar um projeto de gestão da vila olímpica que incluía a noção de que era preciso criar uma ONG, distante das interferências políticas, com a missão específica de gerenciar a vila.

A pedido da Unimar, a Coppe desenvolveu, com participação direta dos representantes das 16 associações comunitárias, o projeto Centro de Excelência Sociodesportivo Vila Olímpica da Maré, que visava à conquista de parcerias nos campos acadêmicos, empresariais, públicos e até do exterior, além do aperfeiçoamento continuado e do atendimento integral ao cidadão. O projeto previa, além dos esportes, ações educacionais e culturais, de saúde e nutrição e de empreendedorismo. Tudo isso foi colocado em um livro conceitual.

Feito o projeto, a prefeitura e a Unimar estabeleceram que seria criada uma ONG para receber a concessão de operação e administração da vila olímpica. Ou seja, a própria vila seria gestora do projeto, com aval da prefeitura que, com base no *Livro Conceitual do Centro*, encaminhou projeto de lei para aprovação da Câmara dos Vereadores. Portanto, a vila teria parceria da Unimar com a Secretaria Municipal de Habitação, mediação do Viva Rio e financiamento municipal, mas com liberdade para buscar outros patrocinadores que aportassem somas de recursos equivalentes aos seus.

O projeto foi aprovado por unanimidade e foi criada, então, a ONG Uevom (União Esportiva Vila Olímpica da Maré). Amaro entendeu rapidamente toda a proposta e a vantagem de se ter uma gestão desse tipo. O governo federal e a prefeitura entraram com o financiamento da parte física da vila, e a Coppe e o Viva Rio forneceriam a logística. Assim nasceu a Uevom, desvinculada da Unimar que, no entanto, participava ativamente das reuniões. Em pouco tempo, a Petrobras tornou-se uma financiadora importante.

Todos das associações participavam e muita coisa na Maré foi conquistada assim. Amaro, à frente de tudo e sempre autodidata, continuou a se informar sobre tudo que caía em suas mãos. Pegava livros no Viva Rio, comprava outros, aproveitava aqueles de geografia e história que eram distribuídos nas reuniões. Passou a ler sobre a África e a se inteirar do que acontecia em outras partes do mundo. "Até hoje tenho essa mania de ler muito e tentar descobrir os problemas de outros lugares e como foram eliminados."

Uma vez criada a Uevom e concluída a parte principal da obra da vila olímpica, Amaro Dominguez foi escolhido presidente pela diretoria da Unimar e Rubem César, vice-presidente. Pouco depois, Amaro teve de deixar a presidência da Unimar para se dedicar integralmente à vila, que passou a funcionar com representantes locais e cidadãos sem filiação partidária como conselheiros. Rubem César foi vice durante alguns meses e, em seguida, assumiu o empresário Cristian Nacht. Para Rubem César, depois que Amaro deixou a Unimar, a organização nunca mais foi a mesma.

AMARO, RUBEM CÉSAR FERNANDES E MÃE BEATA NA FESTA DE 20 ANOS DO VIVA RIO

OS AGENTES COMUNITÁRIOS DE ESPORTE AJUDAM A TREINAR OS MENINOS E AS MENINAS

CAPÍTULO 4

A VILA TRANSFORMANDO A VIDA

PARA SER CIDADÃO, SAUDÁVEL E FELIZ

Um dia, cansada da tristeza que a dominava, Rosa foi procurar um posto de saúde da Maré para saber como lidar com a depressão. O médico que a atendeu não teve dúvidas. Receitou uma "medicação" eficaz, com alto poder de cura e sem efeitos colaterais. Recomendou que ela frequentasse a vila olímpica, porque ali ela poderia se curar. Com a receita em mãos, ela se inscreveu na vila. Hoje está bem, saudável, feliz. Na última consulta, o médico disse a ela: "Rosa você desabrochou."

Era justamente isso que Amaro e todas as pessoas envolvidas desejavam quando pensaram na criação da Vila Olímpica da Maré: que aquele espaço não fosse apenas um clube onde se pratica esporte. Amaro sonhava com um lugar onde as crianças pudessem se desenvolver integralmente, através de um projeto de educação, esportes e lazer. Pensou-se que aquele espaço amplo, com muitas árvores, muita sombra, flores e frutas, com propostas de atividadedes voltadas para a natureza, a preservação ambiental e o embelezamento da área pudesse atrair frequentadores logo de imediato.

Mas abrir as atividades da vila olímpica na Maré não foi tarefa fácil. Quando começou a surgir a vila, os moradores ficaram com um pé atrás. Muitas coisas aconteceram. Foi pesado. Teve até ameaça de morte. Os "donos da bola" temiam que a vila significasse uma ingerência oficial dentro da Maré. E a comunidade olhava com desconfiança, até que foi vendo a coisa acontecer. Na verdade, a vila nunca foi inaugurada oficialmente, mas era preciso mostrar por que era importante para a comunidade um espaço de convivência como aquele. Em dezembro de 1990, começaram as atividades na vila.

Aquele amplo espaço, que em breve teria árvores de flores e frutas e muita sombra, passou a oferecer diversas atividades esportivas, culturais educacionais e de saúde. Foi desenvolvido um portal da Vila Olímpica da Maré para apresentar o espaço e enumerar suas atividades. O *site* define o espaço da vila como "um ambiente nobre" na Maré, resultado de um grande sonho da comunidade que era ter "um lugar onde se pudesse exercer a cidadania e viver esperança de dias melhores".

Logo foram criados os chamados agentes comunitários de esporte. Cada comunidade tinha um que a representava na vila, e a ele cabia a tarefa de levar as crianças da sua comunidade para a vila. "O povo da Maré é muito politizado, vai chegando aos poucos. Está acostumado a fazer campanha e reivindicação social. Além disso, é uma comunidade acostumada com os muitos projetos sociais." Por causa disso, segundo Amaro, começou uma lenta mobilização entre os moradores no sentido de fazer a vila funcionar. No início, a comunidade, ainda desconfiada, foi chegando muito devagar.

"Cada comunidade tem uma cultura. E os donos do movimento têm suas regras. Na Maré, a cultura local manda respeitar, ajudar e não intervir no trabalho social que está sendo realizado lá dentro. Já em outras, o comum é intervir no trabalho social e não deixar acontecer isso ou aquilo. Mas as gerações vão chegando e já vão encontrando um outro entendimento, um diálogo mais aberto, transparente, um conhecimento. Na Maré, tempos atrás, não se podia entrar com celular, não se podia ter telefone, nem máquina fotográfica, nada. Mesmo o morador. Fomos conscientizando a todos e falando sobre a importância do progresso para toda a comunidade, até mesmo para eles, que tentavam coibir esses equipamentos. Claro que para fazer uma filmagem lá dentro era preciso comunicar, avisar. Se fosse uma pessoa conhecida, não tinha problema. Eles não querem o mal da comunidade. Lá onde eu estou, tudo que se fala de fazer que é bom para comunidade eles aceitam."

Com o tempo, a comunidade começou a participar cada vez mais. Futebol, natação, basquete, vôlei, *handball*. Coral, balé, ginástica olímpica. Na entrada da vila foram plantadas árvores que dão umas flores amarelas e se chamam "chuva de ouro". Para José Fantine, engenheiro da Petrobras, era preciso fazer chover ouro lá dentro. E o ouro era o desenvolvimento das crianças. "Fantine chegou com a excelência. Levou para todo mundo o projeto de educação, mas ninguém dava ouvidos. Hoje, buscam na Maré o sistema de educação para botar nas outras vilas. Hoje, as pessoas são mais conscientes de seus deveres e direitos. Procuram advogado, cartório, mesmo os chefões — e eram eles que atendiam essas pessoas antes —, agora mandam procurar a lei."

As conquistas da vila começaram a aparecer na televisão e isso foi atraindo as pessoas. As crianças iam chegando por duas vias: uma, de maneira espontânea, quando vinham e se matriculavam para fazer uma modalidade de esporte ou atividade cultural. Outra era através da estreita parceria da vila com todas as escolas da Maré, sobretudo as mais próximas. Dessa forma, a vila ajudava a complementar o currículo das escolas. Em muitos momentos, chegaram turmas inteiras. Cada criança que entrava para fazer atividades na vila trazia a família, que trazia outras crianças, e assim por diante. Algumas famílias levavam e levam crianças de outras famílias, num gesto generoso de compartilhamento de oportunidades.

A Secretaria Municipal de Esportes e Lazer passou a criar eventos esportivos e culturais dentro da vila olímpica, e no início aproveitava também o espaço para fazer apresentações contra o uso de drogas.

A vila se define em seu portal, na rede <http://vilaolimpicadamare.org.br/portal>, como "um complexo sociodesportivo que resultou de um grande sonho da comunidade da Maré: contar com um lugar onde pudesse exercer a cidadania e viver esperanças de dias melhores", chamando a atenção para o fato de ser um lugar de referência para todos os mais de 200 mil habitantes da comunidade e de ter uma proposta de trabalho inovadora, baseada em uma visão multidimensional de crianças e jovens, que oferece a eles possibilidades de desenvolvimento integral de suas potencialidades. "A atuação da vila é centrada na educação e no desenvolvimento da cidadania, tendo o esporte como vetor de atração da grande massa de crianças e jovens."

Mas o espaço é mais que isso. Uma das grandes contribuições da vila olímpica não tem a ver com esporte ou lazer. Tem a ver com liberdade de ir e vir e integração. Durante um bom tempo, e até hoje, em muitos lugares da Maré, as pessoas não transitavam horizontalmente pela comunidade, mas apenas na direção da saída, no sentido da avenida Brasil. Tinham medo por causa das diferentes facções do tráfico de drogas que dividiam o território, cada uma ocupando seus domínios. No começo, eram duas: o Comando Vermelho e o Terceiro Comando. Na lateral do prédio do ginásio de esportes da vila, onde corre um rio chamado Valão, vê-se bem a divisão: o lado direito era dominado pelo CV e o esquerdo, pelo TC. Mais tarde, mais uma facção do tráfico, Amigos dos Amigos, passou a ocupar outra parte do território. Depois vieram as milícias. E, mais tarde, o batalhão da Polícia Militar se instalou em parte do terreno da vila.

Muita gente que morava de um lado ocupado por uma facção não podia visitar seus parentes do outro lado, e vice-versa. Com o tempo de funcionamento da vila, as coisas foram mudando. Gradualmente. Quando a vila começou a funcionar, seu terreno ia do Ciep Hélio Smith ao Ciep Operário Vicente Mariano. As pessoas encontraram uma forma de se movimentar: entravam e caminhavam por dentro da vila, porque se sentiam seguras, e assim iam de um lado para o outro. Existem várias entradas para a vila. No início, as crianças tinham alguma resistência, diziam que pertenciam a este ou àquele comando. Então os professores começaram a misturar as crianças entre os times. A criança deixava, então, de ser da Nova Holanda ou da Baixa para ser da vila. Hoje essa separação não existe.

Os alunos foram chegando. Agora, era preciso organizar o corpo docente. Havia uma compreensão geral inicial de que as pessoas que iriam trabalhar lá deveriam vir da comunidade. Deveriam ser moradores da Maré. Mas, naquele tempo, as pessoas que se apresentaram para dar aulas eram todas de nível médio. Hoje a realidade é outra. A vila já tem vários professores de educação física formados em universidade e moradores da Maré. "Eles vão dar continuidade a esse trabalho. Sabem quais são as necessidades dali. Sabem que vão ser acolhidos e que vão ter emprego ali", garante Sandra Maria Barros Garcia.

"Quando precisei de professor para botar na vila, vi que a Maré não tinha professor. Tiveram que vir de fora. As pessoas lá dentro começaram a ver aquilo como uma possibilidade de trabalho, de ser professor de educação física ou outra coisa. Hoje, quase 70% dos professores da vila são da Maré. Uns foram alunos, depois estagiários e hoje são professores. A mudança parte desse princípio. Primeiro corrijo a mim, depois corrijo o outro. Primeiro vejo o meu sacrifício para analisar o sacrifício do outro", afirma Amaro.

Cristian acompanhou as mudanças, como vice-presidente, mas sabia ser preciso continuar na luta. Diz ele: "Há os Cieps e as outras escolas na Maré, mas faltam mais escolas de segundo grau. Quando isso estiver resolvido, o pessoal da comunidade, em vez de atravessar essa ponte e sair da Maré para ir limpar chão no Cenpes (Centro de Pesquisa da Petrobras), vai sair para ser técnico ou engenheiro. Queremos ter cursos profissionalizantes. Não temos o lado adolescente resolvido adequadamente. Com a Petrobras e o Cenpes teríamos patrocinador para empregos. Há progresso na comunidade. Vejo quem vem para as reuniões na vila, vejo a presença de pais e alunos, que ficam, conversam. Temos sempre gente nas arquibancadas, acompanhando as atividades. Tem gente na hidroginástica, dança folclórica. Estamos trazendo a família, a criança. Mas falta fechar o *gap* da adolescência."

Aos poucos, a comunidade foi vendo o resultado do engajamento dos alunos na vila. Foram aparecendo os meninos de sucesso, como a Jordana Moreira, que conseguiu passar no teste do balé Bolshoi e foi dançar em Joinville, ou Davi do Nascimento, que conseguiu uma vaga, entre mil, também para o Bolshoi. Ou o garoto que foi jogar futebol no exterior e o outro que joga no Cruzeiro. Para Amaro, tudo isso é uma grande alegria. "A vila para mim é como se fosse um filho, e tudo nos emociona, tudo tem grande valor. É uma emoção em cima da outra. O importante é ver que nesse contexto de centenas de pessoas sempre tem alguém de sucesso. Quero garimpar mais jovens, para que tenham um futuro brilhante. Outros se formaram, outros estão lutando, uns que estavam fora da lei hoje estão dentro. Tudo é alegria."

A preocupação com os ex-presidiários também ocupava a cabeça de Amaro. Como dar uma nova oportunidade a essas pessoas carimbadas e discriminadas pela sociedade já no exato instante em que saíam das prisões? Sem dinheiro, certamente iam roubar de novo, pensava Amaro. "O cara pagava à sociedade, mas não conseguia emprego. Eu me invoquei com aquilo e falei: não está certo." Amaro ia pra esse presídio em Niterói e recrutava os homens que estavam em regime semiaberto. "Dava emprego para trabalhar comigo e assinava carteira. Consegui dar emprego para umas 80 pessoas. Quando eu levei os primeiros a trabalhar comigo na vila, Cesar Maia, que era prefeito, ele se enfureceu. Foi quando briguei com ele. Depois ele viu que eu estava certo."

Na filosofia da vila, segundo Amaro, todo mundo é bem-vindo. Mas que não venham com armas ou drogas. Essa regra foi quase sempre cumprida, com algumas raras exceções. Mas não só a vila amadureceu. A comunidade também avançou em termos de programas sociais. Já não é a Maré tão temida de antes. Além da vila, tem o Luta pela Paz, a Redes da Maré, os projetos de arte, dança etc. Na comunidade de Roquete Pinto tem um posto avançado da vila, com aulas de balé, um pequeno grupo formado por Amaro. Tem também o projeto Uerê, de Yvonne Bezerra de Melo, e o Centro de Artes da Maré, uma parceria da Companhia de Dança de Lia Rodrigues com o Redes da Maré.

Em 2001, o secretário de Esporte e Lazer do governo Cesar Maia disse que o prefeito mandou copiar o projeto da vila porque ficou interessado em multiplicar a iniciativa em outros lugares no Rio. Antes havia apenas a Vila Olímpica da Mangueira. Hoje, existem cerca de 15 vilas olímpicas que nasceram da ideia da vila da Maré. "As pessoas adoram os projetos sociais, mas sabem que eles terminam. Na vila não", afirma Amaro.

E explica o nó do problema: "Quando uma família sai de uma região pobre do Brasil para tentar ganhar a vida no Rio de Janeiro, ela se ilude. De longe é uma fantasia, mas de perto é outra coisa. Vêm para a casa de um parente, se desentendem e acabam na rua, debaixo do viaduto. Tem gente que chama de vagabundos, mas ninguém vai lá perguntar o que eles precisam. Sem emprego, sem moradia, com filho e sem ter o que comer, a família vai para debaixo da ponte. Às vezes, naquela família, tem uma criança que sai, vai andar, pega um pacote de biscoito no mercado e acaba indo para o abrigo se formar traficante. Sem nenhuma assistência, ele sai dali e vai ser bandido. São essas coisas que fazem a gente sair no meio da noite, ir para a igreja, ajudar. E é isso que a vila está aqui para fazer: o resgate social".

A IDEIA ERA MELHORAR A FORMAÇÃO DAS CRIANÇAS DA MARÉ COM AULAS DE BIOLOGIA...

... E OFICINAS DE EXPERIMENTO

BASQUETE, MODALIDADE ESPORTIVA MUITO PROCURADA

CAPÍTULO 5

MIL CAMINHOS E DIVISÕES LEVAM À MARÉ

O MORADOR CONSTRUIU SEU PRÓPRIO CHÃO

"Se você entrar numa favela, não olhe para ela superficialmente, veja no fundo o que é uma favela. Vá buscar nos guetos e nas vielas, olhe direitinho o que é uma favela. Aí vai ver o que é passar fome, pessoas com problemas, doentes, que não conseguem um socorro, crianças precisando de ajuda. Nós que estamos ali dentro é que vemos aquilo." Apesar do desabafo, Amaro sabe que as coisas evoluíram dentro da Maré desde a época em que sua casa foi demolida em Manguinhos e ele foi parar na Nova Holanda. "Hoje temos uma vila olímpica, onde os governos põem dinheiro, é tudo de graça e temos a oportunidade de aproximar essas comunidades que vivem em conflito. Só não temos o mais importante: a verba para sustentar a mão de obra."

Com quase 200 mil habitantes, a Maré é um mundo, um dos maiores complexos de favelas do Rio de Janeiro. São 16 comunidades, com sub-bairros, com casas e conjuntos habitacionais situados à margem da baía de Guanabara, sobre uma vegetação de manguezal. Ocupados desde meados do século XX por barracos construídos em cima de palafitas, os manguezais, que sofriam os efeitos das marés, foram aos poucos sendo aterrados com entulhos despejados pelo poder público e rejeitos de obra doados pela população dos bairros vizinhos. Assim, na Maré, o morador construiu seu próprio chão. "Isso, do ponto de vista simbólico, é extremamente forte", afirma Eliana Souza Silva, diretora da ONG Redes de Desenvolvimento da Maré. "As pessoas pegavam restos das obras da avenida Brasil e iam construindo as ruas, as suas casas, tudo mesmo."

As palafitas acabaram, e hoje a Maré se estende por 800 mil metros quadrados próximos à avenida Brasil e à margem da baía. Lá a convivência nunca foi pacífica. Durante anos, e mesmo depois da ocupação do Exército em 2014, viveu dividida entre três facções do tráfico de drogas. Convive com o batalhão da polícia e com a presença da milícia. A Maré é conduzida por lideranças comunitárias que muitas vezes se hostilizam e, ironia das ironias, é cortada por dois corredores expressos batizados com os nomes de dois adversários políticos: a Linha Vermelha, ou via expressa Presidente João Goulart, e a Linha Amarela, ou avenida Governador Carlos Lacerda.

O índice de desenvolvimento humano (IDH) da Maré no ano 2000 era de 0,722, o 123º colocado da cidade do Rio de Janeiro, melhor apenas do que o de Acari, Parque Colúmbia, Costa Barros e Complexo do Alemão.

Rubem César Fernandes, do Viva Rio, acompanhou as mudanças na Maré. "Primeiro, eram as palafitas, as casas de pau a pique, tudo insalubre demais. Depois veio o aterro, as ruas, os projetos de urbanização, de organização. Hoje tem avenidas e ruas. As ruas têm nomes, as casas têm números. Os moradores pagam IPTU e podem cruzar a faixa estreita que fica entre a Linha Vermelha e a avenida Brasil. Dá para caminhar de uma a outra. Não deveria ser de tão difícil acesso. O problema são os territórios dominados por este ou aquele comando. A Maré é, ou era, dividida em cinco comandos: os três do narcotráfico — Comando Vermelho, Terceiro Comando e Amigos dos Amigos —, o Comando Azul (no período do Secretário de Segurança Marcelo Itagiba, a própria Secretaria de Segurança chegou a chamar o 22º Batalhão de Comando Azul, vangloriando-se do poder armado) e a milícia, que fica do lado da Roquete e de Ramos, onde domina fortemente." Essas divisões foram criando conflitos permanentes, dificuldades de trânsito de uma parte para outra, dificuldades de se cruzarem serviços.

Em algumas instituições, segundo prossegue Rubem César, consegue-se circular direito. "A mais notável é a vila olímpica. Atravessa três dessas divisões. Fica perto do batalhão, que já se instalou ali. Seu Amaro foi lá e explicou para o comandante que a polícia não podia correr atrás de bandido ali dentro da vila. Que ali é um território que não pode ter invasão nem conflito. Ele falou com autoridade. A vila é um espaço físico e simbólico importante e está fora desse conflito. Defendeu aquele espaço."

Um exemplo dessa liberdade de ir e vir é a equipe do movimento Luta pela Paz, que começou com o Viva Rio e agora é independente. Eles andam com a camiseta do movimento, vão treinar e voltam. São respeitados. "Essas questões de demarcação de espaço no interior da Maré são importantes, mas na vila não existe essa demarcação de espaço."

A relação do Viva Rio com a Maré é estreita e diferenciada. Fala Rubem César: "É um lugar muito disputado, com micropoderes, microlideranças. A Maré é mais urbanizada que o Complexo do Alemão. Já foi objeto de vários projetos urbanizadores. Cada gestão de governo tinha um projeto com a Maré. Na pré-UPP havia uma disputa de espaço para o pós-UPP garantir lugar para o *business*. Como o comércio ainda é ilegal, acaba financiando o crime. Na Maré os conflitos são mais claros".

As 16 comunidades da Maré foram aparecendo em datas diferentes:
1940: Comunidade Morro do Timbau;
1947: Baixa do Sapateiro;
1948: Conjunto Marcílio Dias;
1953: Comunidade Parque Maré;
1955: Parque Roquete Pinto;
1961: Comunidade Parque Rubens Vaz;
1961: Parque União;
1962: Nova Holanda;
1962: Praia de Ramos;
1982: Conjunto Esperança;
1982: Vila do João;
1984: Vila do Pinheiro;
1992: Conjunto Bento Ribeiro Dantas;
1996: Nova Maré (Kinder Ovo);
2000: Conjunto Novo Pinheiro (Salsa e Merengue).

EM 2000, A MARÉ ERA A 123ª COLOCADA NO ÍNDICE DE DESENVOLVIMENTO HUMANO, NO RIO

CAPÍTULO 6

NEGOCIANDO COM O "MOVIMENTO"

"O IMPORTANTE É RESPEITAREM COM QUEM ESTÃO DIALOGANDO"

Houve épocas boas e outras nem tão boas na vila. Um dilema era constante e não dava refresco: como fazer para ficar com a vila aberta sem botar as crianças e os professores em perigo? A violência muitas vezes fechou a vila e interrompeu as aulas para que as crianças se protegessem dos tiroteios entre traficantes ou entre eles e a polícia. A vila chegou a ter olheiros do tráfico que trabalhavam lá dentro. Amaro era forçado a atender aos pedidos de emprego para essas pessoas, que não tinham nenhum preparo e achavam que podiam trabalhar de qualquer jeito, chegar a qualquer hora. Amaro voltava na pessoa que recomendava e dizia: "Não dá". O território da vila, no entanto, sempre foi respeitado.

"Na vila chamamos todos: criança, pai, mãe, idoso, todo mundo. O pessoal do tráfico quer botar o filho lá. Eles pedem mesmo. E falam: 'Seu Amaro, se conseguir uma vaga para mim eu largo tudo'. E se ele quiser sair, saiu, acabou.

Não tem represália. É isso que precisamos. Todos esses movimentos começaram 40 anos atrás. Isso não vai acabar assim rapidamente. Vai demorar muito. Até vir uma outra geração e cobrir essa. Não tem governo que é melhor que o outro. Todos são seres humanos. Isso vai demorar. Eu vou morrer e outros virão. Mas é preciso mostrar à sociedade que tem gente que quer fazer alguma coisa. Hoje temos a vila olímpica e uma série de programas sociais. Já é um grande avanço. Já não é a Nova Holanda de antes, temida e perigosa."

Amaro sempre foi mediador entre a comunidade, o pessoal do "movimento", as autoridades, a vila. Aliás, sempre falou com todos os lados, incluindo aí os policias do batalhão instalado ao lado da vila. Ele sabe bem como funciona o "movimento". "Eles se organizam como empresa. É uma organização fora de série. Eles sabem em quem podem e em quem não podem confiar. Você não está vendo, mas eles estão te vendo. Você quer fazer uma coisa e eles podem impedir." Por isso, ele diz, a relação com o tráfico parte de um princípio: confiança. "As pessoas começam a confiar nas outras em coisas pequenas. Até chegar às coisas grandes. É como se alguém fosse ali e pedisse para tomar conta de uma coisa e quando ele volta está tudo certinho. Do jeito que deixou. O mais importante é eles respeitarem a pessoa com quem estão dialogando."

"Uma coisa é certa: eles têm palavra, respeitam, ouvem. Se estiver certo, tudo bem, se estiver errado, resolvem lá da maneira deles porque a lei lá é mais rápida. Sim é sim, não é não. Ninguém faz nada voado, eles sempre comunicam as coisas. Eles são organizados. Não precisa de papel para se comprometer. O que vale é a palavra."

Quando a vila começou a funcionar, Amaro teve de conversar com os líderes do movimento na Maré para que o espaço olímpico pudesse funcionar sem interferência ou ameaças. Explicou a importância do trabalho social feito na vila e como iria beneficiar os filhos deles, os amigos, os parentes, os colegas através do esporte, da educação, da liberdade de ir e vir. "Tive momentos difíceis, discussões ríspidas, mas tudo dentro do respeito. No final chegamos ao denominador comum porque o cidadão vai entender que é a verdade que estou dizendo a ele. Sempre fui respeitado e sempre respeitei."

O diálogo, para Amaro, é fundamental. "Eles entenderam que a educação é muito importante, que a vida que levam não é legal para quem eles querem bem. É preciso dialogar com eles. Aí entra o entendimento." E é necessário que esse diálogo, diz Amaro, se dê por meio de alguém que conheça a vida na comunidade, saiba como falar com todos e entenda a linguagem deles.

"Quem nunca esteve lá vai chegar com outra linguagem e não vai dar certo. Tem que conversar, compreender, atender alguns pedidos desde que não sejam coisas absurdas. Às vezes, pedem emprego para familiares ou amigos, e se tiver é bom colocar. Muitas vezes, antes mesmo deles pedirem, eu mando chamar, se tiver emprego. Se eu puder, eu coloco. Convivo com eles. Sei como é difícil." Amaro acredita que, muitas vezes, um homem se torna um "fora da lei" porque foi obrigado pela falta de oportunidades.

Quando se quer saber se ele já foi alguma vez chamado para fazer parte do "movimento", ele nega. "Não, nunca fui e nunca tive vontade. Meu olhar para eles sempre foi no sentido de levar a pessoa para o caminho certo. E por isso comecei a me envolver com todo mundo. Só que antigamente era mais perigoso. Hoje é mais fácil. A mentalidade é outra porque, antes, chamar alguns deles para sair daquela vida era uma desonra. Às vezes criava problemas. Hoje tem muitos que entendem que, se puderem sair dali, saem. Ficam presos ali porque a sociedade os rejeitou. Por isso é bom estar sempre conversando com eles. Pela igreja a gente convive, aconselha, ajuda um, ajuda outro. Quem já esteve lá no meio e conseguiu sair quer ver o bem dos outros que ficaram. Por isso é muito importante conhecer a história deles para se ter liberdade de chegar, conversar e não ficar apavorado quando vê aquele movimento. Normal."

Certa vez, Amaro conseguiu, com o pessoal do "movimento", fazer um trabalho contra o uso da droga. A ideia foi de Rubem César, do Viva Rio. Amaro chamou o chefe do tráfico que mandava na Nova Holanda e disse: "Tenho um trabalho para fazer na Nova Holanda para combater a droga e você é um que vai me ajudar a acabar com isso. Vai me ajudar nesse trabalho". Amaro aproveitou que tinha um baile na comunidade de sexta pra sábado e combinou: "À meia-noite, para o baile, para tudo. Primeiro vai subir o pastor e fazer uma oração. Depois nós vamos dizer o que a droga faz com as pessoas". O dono do "movimento" não acreditou: "Pô, o cara tá maluco, mas vamos fazer, sim". Para Amaro, as pessoas pensam muito errado sobre a questão da droga e do tráfico. O traficante disse a ele: "Amaro, vou arrumar o telão, o equipamento, vou chamar o pessoal. Você traz o *data show* e panfleto. Eu pago o baile".

Amaro chamou Rubem César e disse que estava tudo certo. A TV Globo iria fazer a cobertura, e Amaro foi falar com um diretor de lá. Não se entenderam direito e Amaro ficou bravo. "Me estourei. Tivemos uma discussão, ele cedeu, mas não muito. Estava tudo certo, mas, chegou na hora, ninguém do Viva Rio quis aparecer. As pessoas que tinham que estar ali não quiseram ir e por isso não aconteceu. Estava tudo preparado. Combater a droga não é difícil. Difícil é ter coragem de mexer no bolso de quem ganha dinheiro com isso. O *crack* é outra questão. Como combater isso se não tem lugar para a recuperação dos viciados? Porque se não cuidar deles, eles vão sair e fazer de novo. É igual estar com fome: tem que comer."

Amaro sabe que muita gente diz que tem traficante circulando dentro da vila. Ele responde que os que aparecem por lá até ajudam. Como? "Eles não deixam ninguém fumar lá dentro, nem cheirar. Não querem que a criança que está lá dentro seja incomodada. Não querem que se dê tiro lá dentro, querem que as crianças fiquem e que as famílias tenham liberdade de ir e vir. Querem ajudar no que for melhor para a vila. Eles podem ser o que forem, mas não atrapalham meu trabalho social." Amaro já viu muito traficante largar aquela vida. "Muitos deles me dizem: 'Eu largo o fuzil se o senhor me arrumar um serviço aí'. E quando tem trabalho, eu arrumo. Muitos passaram por isso. Sempre conversei com eles. Tem que conversar. Eu respeito eles e eles me respeitam. Para a comunidade confiar em mim foi um trabalho grande. Não uso eles para ganhar dinheiro, mas para a liberdade deles. Dei muito emprego para aqueles nos presídios, que estavam em semiaberto. Assinava carteira, botava pra trabalhar. Não foi um, nem dois, nem três. Quase 80. Não voltaram a ser o que eram antes. Voltaram a ser chefes de família, estudar, fazer negócios. A maioria hoje está bem. E os filhos ficam bem."

Amaro conhece bem a situação. Diz que, de vez em quando, um sai do "movimento" por cansaço. "Entrou naquilo pensando em arrumar um meio de sobreviver, mas com o tempo, vêm os filhos, vai amadurecendo, tem os conselhos. Pede para sair, desiste. Muitos conseguem sair e os outros não impedem." Amaro cita o exemplo de um rapaz, que foi um chefão do tráfico e hoje trabalha no Viva Rio, como interlocutor entre a instituição e as comunidades. "Ele ajuda as pessoas a saírem. É uma pessoa séria. Sabe como dialogar com essas pessoas."

Amaro se lembra dos tempos antigos em que, como diria Herivelto Martins, malandro do morro não descia, mas a polícia também não subia. Havia mais respeito. Quando tinha um problema, quase nunca era resolvido com arma de fogo. Usava-se a navalha, a faca. "Hoje as drogas são mais violentas, mais fortes. Existe uma disputa por causa delas. O sistema mudou. Antes ninguém falava um palavrão dentro do ônibus porque era expulso do veículo. Antes, se tivesse uma senhora na roda, eles respeitavam, fumavam escondido, conversavam com respeito. Hoje é comum falar palavrão na frente de qualquer pessoa. Hoje fumam abertamente. O próprio sistema permite isso." Para Amaro, hoje a exposição é maior. Veem-se armas à vontade, sendo levadas de lá para cá, à mostra, na frente de todos. "O sistema policial também é outro. Nem se sabe o que se pode falar. O negócio é ficar quieto. A TV mostra, a Justiça mostra como se usa a farda para extorquir. O mundo evoluiu, as drogas evoluíram, sistemas de tráfico e de segurança evoluíram."

Ele conta que, um dia, levantou-se de manhã bastante perturbado, achando que era muito perseguido pela ganância dos outros. "Já morou em favela?", ele pergunta. "Nem queira. Se você compra um sapato ou uma camisa é porque roubou. Se pinta sua casa, está roubando de algum lugar. É dessa maneira que pensam as pessoas de olho grande que convivem com você na favela. Pensar não é problema. O problema é levar a fofoca para o movimento." Para Amaro, o pessoal do movimento quer a comunidade em paz porque confusão só serve para atrapalhar os negócios. Se algo acontece, eles querem saber o que é. "É uma faca de dois gumes. Se a pessoa em questão não conseguir provar que não fez nada de errado, já sabe o que acontece. São situações difíceis. Existia muito isso na comunidade. Hoje é diferente, tem mais compreensão, mais preparo, mais consciência. Eles te chamam, conversam e a gente vai deixando tudo claro. Sabem o que você sabe, onde trabalha, o que faz. Até que, com o passar dos de anos, você chega num momento em que não precisa provar mais nada. Porque quem não presta eles sabem." Amaro sabe que as pessoas querem tomar seu lugar, por prestígio ou dinheiro. "Mesmo quando uma associação está com tudo certo, com tudo em dia, as pessoas já começam a falar. O perigo é quem está de fora acreditar."

Há quem condene ou discorde da relação que Amaro tem com os donos do "movimento". Não aceitam que ele negocie ou tente proteger o espaço da vila através de conversas ou favores. Mas ele se defende: "Trocar ideia em benefício de alguma coisa vai gerando confiança. Não adianta pegar uma criança e dizer que a prefeitura ou a vila vai cuidar. Ele vai pegar a bala que alguém deu, chupar e sair fora. Porque sabe que tem alguém lá olhando por ele. Todo mundo então tem medo. Assim não se consegue nada. Mas se chegar e disser: 'Quero falar com fulano' e explicar que esse trabalho social vai servir para seu filho, sua mãe, sua irmão, seu parente, até para ele mesmo, eu quero colocar isso, mas tenho dúvidas. 'O que você acha?' 'Ah, legal.' Mas quando expõe as razões tem que cumprir o que falou. Porque até eles começam a recomendar que as mães botem seus filhos lá. Dizem: 'O que esse garoto está fazendo aqui, bota ele lá'. Aí, aquele garoto vai para lá e, com o passar dos anos, ele é um gênio, um cantor maravilhoso, um jogador de futebol, passa num curso, está estudando, vai ser isso, aquilo. Lá do outro lado quem vê fala: 'Puxa, vou botar meu filho lá'. Porque eles não querem mal à comunidade. Infelizmente há um choque de um com outro para dominar território, mas eles querem o bem-estar da comunidade. Aí é a hora de ajudar quem sai da prisão e não quer voltar para aquela vida."

Nas suas discussões com o pessoal, Amaro tenta mostrar a realidade. "O que não pode haver é abuso, ofender a moral do outro. Falar de um para o outro, fazer intriga. Isso não faço. Quando sento para falar, digo: 'Sua empresa é sua empresa, meu serviço é meu serviço. Não quero nem saber o que tem na sua empresa. Nem me fala onde você está, para onde vai, não quero nem saber'. Nossa conversa fica ali e acabou. Não tem essa coisa de facção, são todos seres humanos. E eu só quero cuidar das crianças. A vila olímpica foi construída para isso, tem um trabalho sério em que as pessoas confiam."

Somente uma vez aconteceu um incidente na vila, segundo Amaro. O pai de um aluno esfaqueou o juiz do futebol depois do jogo. "Ele saiu da vila, os caras do tráfico pegaram ele, prenderam e me chamaram. 'Seu Amaro, leva ele para o distrito'. No passado, ele morria ali mesmo. E o juiz não morreu."

"Na vida sempre teremos aflições, mas temos que ter bom ânimo. Quer problema mais sério que a Vila Olímpica da Maré? Com todas aquelas facções? Mas nunca saiu ninguém baleado dali, ou escorreu sangue ali. Ou apareceu alguém lá dentro que deu tiro no peito de um ou facada. As coisas acontecem em torno, mas lá o trabalho continua. Vivemos de negociar para faturar a paz e a tranquilidade. Então, tenho que negociar. Se eu dou ao sujeito e ao filho dele condições de sobrevivência digna, ele também vai me dar condições de fazer isso."

A vila nunca viveu uma situação em que estivesse próxima de uma invasão do tráfico. "Se eles têm dúvida, vêm falar comigo e eu falo com eles se tenho alguma dúvida. O aluno ali dentro tem liberdade, mas se seguir o outro lado tem uma liberdade vigiada. Então ele precisa ver os dois lados e adquirir confiança de estar naquele lugar. Os pais confiam na segurança ali dentro. Passamos isso para eles conversando com o lado oposto. Até ele mesmo, do movimento, pode participar. Desde que respeite lá dentro e participe como cidadão. E muitos participam, usufruem: tem jogos de futebol, fazem times, campeonatos. A vila funciona de segunda a sexta e sábado de manhã. De meio-dia em diante é dá comunidade. Todo mundo respeita o horário do outro. E quando a vila vai atuar naquele dia de lazer, livre para a comunidade, eles respeitam. Até eu vou pra lá pra ficar debaixo daquelas árvores num dia de verão, tomando a fresca do mar."

A vila, assegura Amaro, tornou-se uma área pacificadora. Saber que a mãe, ou o filho ou o amigo pode estar lá dentro muda o comportamento de todos. "Quando a vila está funcionando a comunidade é uma coisa; quando está fechada, é outra coisa. Até a própria polícia se comporta diferente. O nível de violência diminuiu muito. Antigamente era guerra entre eles o tempo todo, de manhã, de tarde e de noite. Não tinha liberdade. A polícia entrava e quando ia embora começava tudo de novo. Morria gente que merecia e gente que não merecia. Tinha bala perdida, morria criança. Existia muito conflito. Ainda tem, mas dentro da rivalidade tem os parentes de cada um que não têm nada a ver com a briga deles. Os parentes não podem ser reféns. Tem a fronteira, que todo mundo respeita. O morador pode ir, mas na terra dos outros tem que ter cuidado. A vila ali, naquele pedaço, estabilizou alguma coisa. Os conflitos já não são como eram antes."

EM 2004, A VILA OLÍMPICA FICOU FECHADA DURANTE SEIS MESES

CAPÍTULO 7

O TRÁFICO INTERFERE E A VILA FECHA

À ESPERA DE UM SINAL DE DEUS

A boa relação com os donos do pedaço seguia normalmente, quando, um belo dia, Amaro recebeu um recado: queremos botar um dos nossos como gerente financeiro da vila olímpica. Amaro ficou sabendo que um comando local tinha resolvido interferir, acha que foi "um dos meninos" da Amigos dos Amigos (ADA) que queria ampliar a influência de seu grupo na Maré, e mandar na vila seria crucial para isso. O tal chefão nomeou um gerente financeiro. Já tinha acontecido, anos antes, de um comando local resolver interferir numa unidade de saúde da Maré. Um sujeito entrou numa das unidades locais para botar um gerente da sua turma. "Ele nos ameaçou de morte. Continuamos gerenciando de longe. A comunidade reclamou e ele recebeu um recado do presídio de Bangu mandando parar com isso porque estava criando confusão."

Pois na vila não foi diferente, e veio outro recado para que não atrapalhassem o andamento da vila olímpica. Para quem estava de fora, dava a impressão que entravam milhões de reais na vila e chegava aos ouvidos dos traficantes que lá tinha muito dinheiro. Amaro acusou o golpe. "Todo mundo queria uma fatia." Veio, então, o aviso: Amaro tinha de sair e deixar o lugar para outra pessoa. Era 2004. Eles queriam nomear o gerente financeiro da vila. Mas Amaro não aceitou a proposta e disse que, se insistissem, fechava a vila. "Um dia aquilo me perturbou muito. O camarada insistiu e resolvemos fechar. Convoquei a Petrobras, os Correios e umas 400 pessoas, entre moradores, alunos, líderes de associações. Reuni todos no ginásio."

A preocupação da equipe nesse momento era pagar o pessoal e estancar o dinheiro da Petrobras. Ao chamar os patrocinadores da vila e representantes da comunidade e da prefeitura, Amaro prestou contas a todos. Os patrocinadores reconheceram publicamente que as contas fechavam e que estava tudo certo. Amaro assinou um documento e anunciou: "A partir de hoje não sou mais presidente da vila. Estou entregando a vila a vocês, que saberão administrar melhor e o que eu quero é o melhor para a comunidade". Fez outro documento e entregou na mão do grupo que queria ocupar a vila. "Entreguei a vila na mão de quem queria aqui na comunidade. Tinha nesse grupo líderes comunitários e pessoas grandes envolvidas, com segundas intenções. Fechamos as contas e saímos." Amaro deu adeus ao seu sonho mais acalentado.

A Petrobras cortou o dinheiro e a vila ficou fechada, trancada, não tinha mais atividade. Rubem César, do Viva Rio, que era, nessa altura, vice-presidente da vila, afirma que a interferência foi um fato inusitado. "A afirmação de autonomia de uma instituição comunitária dentro de uma favela diante de uma pressão do tráfico local é altamente singular. Não se tem muito exemplo disso na cidade. E isso tem muito a ver com a autoridade moral do Amaro. Ele avisou que não dava para continuar e a própria prefeitura reconheceu que não dava. Foi uma decisão que teve força para ser mantida. Um momento importante."

Alguns políticos disseram que iam dar sustentação ao projeto da vila, mas não cumpriram a promessa. Os ocupantes ficaram lá durante três meses, e depois, sem dinheiro, abandonaram o "projeto". O mato começou a invadir o espaço, a piscina virou um viveiro de mosquitos, dentro da quadra as aranhas fizeram teias enormes e os materiais ficaram destruídos. Os ratos passeavam pela vila, que fica à beira de um brejo, e começaram a atacar as casas vizinhas. A comunidade perdeu o espaço físico que tinha e começou a sentir a falta das atividades.

Ficou fechado e Amaro ficou fora mais de seis meses. Durante esse período, houve muita conversa, muita discussão, a comunidade sofrendo, reclamando dos bandidos. Amaro foi firme e ousado. Não teve conversa nem negociação com eles. Com sua fé inabalável, disse que só voltaria quando Deus determinasse.

"De um jeito ou de outro, Deus vai me trazer. O dia que ele determinar, eu volto." Todo mundo queria saber como Deus ia falar a Amaro. E ficaram todos, comunidade, movimento, prefeitura, todos pedindo e ele esperando o sinal de Deus.

Nessa época, Amaro era presidente da Cooperativa dos Trabalhadores do Complexo da Maré e prestava serviço no hospital do Fundão. Quando deixou a vila, foi trabalhar na cooperativa, a Copjob, que havia ajudado a fundar anos antes, em 1998, na Maré. Era uma cooperativa da Maré que prestava serviços de limpeza para o hospital. Ele foi administrador da cooperativa durante oito anos. Nunca foi pago por isso. Pela política da cooperativa, apenas o cooperado que prestasse serviço recebia salário. O administrador não. Da cooperativa ganhava apenas ajuda de custo para a gasolina. Também não tinha e não tem salário na vila. Vivia e vive até hoje da sua aposentadoria como motorista de ônibus. A cooperativa tinha uma média de mil cooperados e foi criada para ajudar os moradores da Maré a arrumar emprego. Por causa da fama de ser uma comunidade violenta, os moradores carregavam uma cruz, como se fossem bandidos em quem ninguém confiava. Na presidência da Associação de Moradores da Nova Holanda e, em seguida, da Unimar, Amaro recebia queixas frequentes dos moradores a respeito da dificuldade de arranjar trabalho. As pessoas começaram a questionar esse preconceito e, por este motivo, foi criada a cooperativa: para conseguir emprego para os moradores da Maré.

E o primeiro serviço prestado foi no hospital do Fundão, através do médico Jairo Coutinho. Amaro conversou com a administração do hospital na área trabalhista e se uniram para fundar uma cooperativa lá também. Naquela época, eram 3 mil cooperados Nesse meio-tempo, ele já administrava a vila e, quando a vila fechou, ele continuou trabalhando no hospital, com mais folga.

Todo dia, no seu trabalho, Amaro se deparava com gente pedindo sua volta para a vila. Os idosos, que eram beneficiados pelos programas da vila voltados para a terceira idade, se reuniam e mandavam recado para Amaro, pedindo para ele voltar para que pudessem dar continuidade a seu tratamento e fazer sua hidroginástica: "Lá fora, pago 75 reais por cada sessão", argumentavam.

Muita gente ia ao hospital conversar com Amaro. Estavam sentindo falta dos afazeres na vila e preocupados com seu fechamento. Cada um que chegava se lamentava e tentava convencer Amaro a voltar. A vila já não funcionava havia três meses depois que Amaro saiu e entrou o novo gerente. Foi tanta reclamação da comunidade, que a ordem para os novos gestores saírem acabou vindo da penitenciária onde estavam os chefões do movimento. Eles saíram e a vila ficou ainda mais abandonada depois que veio a orientação de Bangu. A Amaro diziam que o sujeito que passou a gerenciar a vila havia pedido desculpas, que se fosse preciso pediria até de joelhos para Amaro voltar, que ele não tinha culpa, que foram falar com ele uma série de coisas.

Amaro só repetia: "Só se Deus quiser".

Ao assédio das pessoas da comunidade, Amaro já estava acostumado. Saía de sua casa já dando bom dia e boa tarde, todos o conhecem. Um belo dia, Carlos Dalma, que era morador da Maré e magarefe no hospital — aquele açougueiro da cozinha que desossa as carnes — aproximou-se de Amaro. Ele tinha visto seu nome no crachá e passou a conversar sempre com Amaro, que também administrava os trabalhadores da cozinha. Conversa ia, conversa vinha e Carlos sempre perguntava se ele não ia voltar para a vila. "Quando Deus determinar", respondia Amaro. Passaram-se três meses desde que os ocupantes da vila haviam saído de lá, ou seja, a vila já não funcionava havia seis meses.

Foi quando um amigo contou a Amaro: "Sabia, Amaro, que aquele sujeito que trabalha ao seu lado é *presbito*?" Tratava-se de Carlos, com quem conversava sempre.

Quando soube disso, surpreso, Amaro sentou-se com ele e ouviu sua história. O colega falou também das razões e dos muitos pedidos para que ele voltasse para a vila. Amaro interpretou aquilo como o sinal de Deus que esperava. Tinha percebido naquele encontro o chamado de Deus. "Você é presbito, você é o mensageiro." Resolveu, então, voltar. Era dezembro de 2003.

Nesse meio-tempo encontrou um amigo, Reinaldo, que conhecia o secretário municipal de Esportes e pediu a ele: "Me leva ao secretário Ruy César que vou pedir para reabrir a vila". O amigo hesitou. O secretário não estava atendendo ninguém. É que havia um processo no Ministério Público contra outra cooperativa com a qual Amaro não tinha ligação. Mas o que o secretário não sabia era que essa cooperativa tinha ganhado o processo. "Então me dá esse documento que vou lá mostro isso e falo com ele sobre a vila."

Já com a decisão tomada, ele seguiu para a Secretaria de Esportes e Lazer da prefeitura. Lá chegando, ouviu da secretária de Ruy César que ele não podia atender. Foi quando o secretário viu, pela câmera de segurança, que era Amaro quem estava lá, saiu da sala e foi ao seu encontro. Os dois se abraçaram e choraram.

— Amaro, você está voltando?

— Vim conversar sobre a reabertura da vila porque o pessoal está pedindo muito.

— Mas só se for você.

— Está bem, eu volto.

O secretário telefonou para o prefeito Cesar Maia e avisou: "Amaro está voltando para a vila". O prefeito pediu para falar com Amaro. "Você está voltando? Então comunica à Câmara de Vereadores, fala com os líderes que a vila vai reabrir amanhã." No dia seguinte tinha uma grande operação envolvendo todos os setores, como Cedae, Comlurb, Rioluz, todo um aparato para fazer a vila voltar a funcionar. "O pessoal do parque aquático já cuidava da piscina. Isso foi na sexta. No sábado chamei o Reinaldo e pedi que convocasse as pessoas que tinham trabalhado lá seriamente."

"Fiquei até bobo: como as coisas funcionam quando se quer. A Petrobras ligou: 'Amaro você está voltando?' Eu disse sim, preciso de vocês. Aí me chamaram lá para conversar. E a Petrobras voltou a nos financiar."

Só os Correios, que também patrocinavam, não voltaram. Gastou-se um bom dinheiro para recuperar equipamentos danificados e reestruturar a vila. Rubem César aproveitou a deixa para passar a vice-presidência para Cristian Nacht, conselheiro do Viva Rio que se apaixonou pelo projeto da vila.

Cristian, que já havia se envolvido com a vila na primeira fase, ou seja, antes de fechar por seis meses, relata como foi a reabertura. Amaro defendeu que era preciso mudar o estatuto da Uevom para que o cargo de presidente não ficasse "no alto da pirâmide com poder concentrado". Criou-se um triunvirato: Amaro, Cristian Nacht e José Fantine, embora, na prática, fosse Amaro quem guiava. Cristian recorda: "Ele sempre foi a cabeça por trás de tudo. Nesse retorno comecei a participar da vila e, embora eu o conhecesse há uns quatro anos, foi a partir dali, em 2005, que começou de fato meu relacionamento com Amaro. Percebi a importância dele e vi que a minha lógica e a lógica do local estavam longe de ser as mesmas. Passei a ter mais contato com ele e me conscientizei que, antes de fazer qualquer coisa, tinha que falar com ele. Na volta houve uma limpa e começamos a ter uma equipe mais unida."

Uma das preocupações era saber se estavam fazendo a coisa certa. A outra era entender que havia desperdício e que as coisas poderiam ser mais bem aproveitadas. "Aos trancos fomos evoluindo com a ajuda dos patrocinadores. A prefeitura, e principalmente a Petrobras, eram muito exigentes nas críticas e cobranças, o que nos ajudou muito na organização e a termos mais foco", afirma Cristian. "Hoje temos uma equipe que funciona bem. Nada é perfeito. De vez em quando temos um tropeço, alguém que não se enquadra. Mas isso mexe, fortalece as pessoas, temos uma equipe boa. Fazemos bom uso do dinheiro. Antes o dinheiro vinha e ia embora, mas hoje temos mais conhecimento para saber o que fazer, por que fazer e aonde queremos chegar. Temos melhores resultados."

Tanto Cristian quanto Amaro acreditam que a atividade na vila deve ter início, meio e fim, e que a última etapa devia ser o emprego ou encaminhamento para uma carreira. "Por enquanto ainda não chegamos lá. Pegamos a criança, ajudamos a formá-la melhor, ajudamos as escolas no entorno, mas a perdemos na adolescência. Temos algumas coisas que os adolescentes ficam para fazer, como coral. Ainda temos que ter um programa mais consistente para o adolescente. De qualquer forma, os recuperamos mais tarde como jovens pais que trazem suas crianças", diz Cristian.

Amaro garante que, desde que reabriu, a vila nunca mais teve interrupção. "Entra prefeito, sai prefeito, está lá a equipe, cumprindo seu dever." Mas o projeto original da vila olímpica não está concluído. "Cabe à prefeitura definir se vai concluir o que ainda falta. Apresentamos um plano diretor aos governos federal e municipal e a outras instituições, como Petrobras. Temos um espaço físico muito grande, de 85 mil metros quadrados. Falta terminar o campo, cobrir duas quadras, fazer a pista de atletismo, as salas multifunções, a praça. Tudo está lá, no plano diretor. Espero que um dia concluam. Aí teremos oportunidade de atender novas pessoas. A vila foi uma nova vida para a Maré. Até para o comércio e como ponto de referência dentro da comunidade."

JUDÔ É UMA DAS MODALIDADES ESPORTIVAS
PRATICADAS NA VILA OLÍMPICA

"NA IGREJA, MINHA VIDA MUDOU", DIZ AMARO

CAPÍTULO 8

A FÉ QUE MOVE MONTANHAS

DO JONGO À IGREJA EVANGÉLICA

Houve momentos em que Amaro pensou em abandonar tudo. A pressão era muito grande. Mas o pastor da sua Igreja Congregacional disse a ele: "Amaro, você tem um destino". A fé e a religião entraram tarde para a vida de Amaro. Ele diz que não nasceu religioso, que mudou para ser assim, mas é possível que a fé, seja na vida, nas pessoas e na sua própria capacidade de superar obstáculos e seguir um caminho missionário, já estivesse lá desde cedo.

Amaro nasceu numa família que se considerava católica, embora seguisse também os rituais africanos do candomblé, uma vez que morava na roça e era a prática da fé ao alcance das pessoas pobres criadas no campo. A avó paterna era filha de escravos africanos e seus irmãos mais velhos nasceram na escravidão. A mãe da mãe também descendia de escravos. Amaro seguia os ritos da família. O candomblé, na roça, era o jongo, o tambor, o caxambu. Era a diversão de todas as famílias. Amaro participava de tudo. "Vai ter jongo amanhã", comentava-se, passando o recado de um para outro. "Vai ter caxambu." Eram festas essencialmente rurais, parte da cultura afro-brasileira. O jongo, dançado ao som de tambores como o caxambu, era também conhecido como caxambu ou corimá.

Na origem uma manifestação religiosa, o jongo foi trazido para o Brasil pelos negros bantos, capturados em boa parte no território que é hoje Angola. Faz parte das chamadas danças de umbigada, de onde vem também o semba. Aliás, o jongo é considerado por muitos o "avô" do samba. Mas a dança, que tem como provável origem o jogo de adivinhação angolano, tem também suas características religiosas e sagradas ou mágicas. Os tambores são sagrados e considerados ancestrais da comunidade, e o fogo em torno do qual se dança serve para iluminar a alma dos antepassados. A dança em círculos com um casal ao centro exalta a fertilidade.

Mas, para Amaro, o jongo era a felicidade que as crianças descobrem nas festas. Quando alguém avisava que ia ter jongo, já se sabia: ia ter aipim cozido, batata-doce, milho-verde, licor de jenipapo. Amaro dançou muito jongo e caxambu. Para ele, o jongo era um baile. Vinham os fazendeiros, as populações rurais, muita gente a cavalo, muitas a pé. O couro do boi servia para fazer atabaque, e a casca das árvores, o tambor. Tinha também os tambores fixos feitos com tronco pesado de árvore. O cavaquinho era feito de bambu listra de ouro. A flauta era feita de taquara, uma planta cujos colmos ocos eram muito usados pelos índios no resto do país para fazer canudos ou vigas e travessas leves para a construção de suas habitações, cercas ou paliçadas. Da mata se obtinham todos os instrumentos. E, a cada domingo, todo mundo ia, brincava, se divertia. Amaro tinha, então, uns oito anos.

Na cabeça dele, essa era apenas a festa, porque o ritual religioso era a macumba. Esse acontecia de 15 em 15 dias. "Era religião. Ali tanto fazia para o bem quanto para o mal. Tanto tirava o demônio, quanto botava no corpo do outro." O jongo acontecia na roça, mas o ritual da macumba também acompanhou Amaro até a cidade de Campos. "Era a mesma coisa, só que não acontecia no centro da cidade, mas lá pelos lados do Parque Guarulhos, onde hoje é a pista da BR-101. Em Campos, na cidade era diferente porque a polícia perseguia quem praticava candomblé. Lá o pau comia, não tinha bandeira branca, tinha que correr para o mato e se esconder. Nos terreiros de secar café das fazendas às vezes o fazendeiro permitia que se tocasse viola e tambor.

Tinha também casas com terreiros e tudo. Também havia macumba, mas lá não batia tambor. Vim ver isso aqui", diz Amaro, referindo-se à sua chegada ao Rio de Janeiro. "Em Campos e na roça, macumba era ritual sem música, sem nada." Amaro veio a conhecer o candomblé, o ritual de bater tambor, fazer cortes no braço quando chegou ao Rio. "Lá eles pegavam coração de boi ou tascas de ingá e faziam simpatia. Às vezes passo no largo da Carioca e vejo aqueles patuás. Hoje, isso não tem valor para mim. Eu respeito, mas não existe mais minha devoção, que aconteceu durante minha infância até eu vir para o Rio."

Um dia, em 1958, Amaro conheceu sua segunda companheira, Zilah Maciel, mãe de seus filhos. A mãe dela era também de Campos e foi ela quem levou Amaro para a Assembleia de Deus, em São Cristóvão. "Quando o pastor estava pregando, ele foi dizendo coisas importantes para mim, inclusive falou de coisas que já tinham acontecido em minha vida. Ali me entreguei, mas ainda não frequentava a igreja. Passei a ter conhecimento, ler a Bíblia, mas ainda vivia no mundo." Como ainda trabalhava no transporte de cargas, Amaro não tinha condições de frequentar a igreja porque viajava muito. Somente em 1996 é que foi batizado e começou a frequentar de fato a igreja.

"Na igreja, minha vida mudou. Posso ter problemas, aflições, mas sou um vencedor. Posso não ganhar dinheiro, não ter beleza, não ter conquistado o mundo, mas conquistei minha paz, meu sossego, minha tranquilidade. Sou vitorioso sem botar a mão numa faca, espada, fuzil ou pistola. Sou vitorioso somente com a palavra."

O aspecto religioso que tomou conta de sua vida a partir de 1996 deu forças a Amaro para continuar na luta. "Acredito que Deus tenha um plano de vida para cada um de nós. Jamais imaginaria que hoje estaria aqui. É como a gente se perder no meio do oceano, agarrado a uma boia, olhando para todos os lados e só vendo água, sem saber aonde vai chegar. Nunca tive facilidade na vida. Tudo sempre foi difícil. Só queria chegar onde eu pudesse sobreviver."

A OCUPAÇÃO DA MARÉ PELO EXÉRCITO OCORREU EM UM MOMENTO EM QUE A VIOLÊNCIA AUMENTAVA

CAPÍTULO 9

A OCUPAÇÃO*

"TINHA O EXÉRCITO LÁ DENTRO? TINHA"

Indagado sobre as mudanças trazidas pela ocupação do Complexo da Maré pelo Exército, em março de 2014 — ação precursora da instalação de uma Unidade de Polícia Pacificadora — Amaro afirmou que, para ele, "tudo continuava a mesma coisa". "Não posso dizer se está bom ou ruim porque para o meu trabalho está igual. Quando começamos na vila não existia nada disso. Não vejo problema, para a vila continua igual."

Amaro, entretanto, admitiu que "não olhava muito para o lado" e que em volta via o mesmo de antes. "Não há comentários. A vida segue normal, cada um no seu trabalho, na sua casa, o esporte funcionando, o lazer funcionando. Só muda uma coisa: você procura seguir aquilo que pedem."

A cautela é uma arma que sempre foi usada por Amaro. E todos sabem que nessas situações o silêncio é de ouro. Um líder de associação da Maré deu uma entrevista para um jornal em final de outubro de 2014, meses depois da ocupação, dizendo que a vida tinha ficado melhor depois da chegada dos

---

* Colaborou José Sérgio Rocha.

militares e que era preciso perseguir os bandidos. Foi assassinado dias depois. Portanto, Amaro sempre achou que devia seguir em frente, sem dar muito palpite.

"No lado social, o Exército fez um trabalho bom, integrado aos trabalhos sociais da vila, que incluem médico, documentação, corte de cabelo, ações de cidadania. Eles participavam de ações reivindicadas pelos moradores. Cada ação tinha que ser comunicada. Como o Exército substituiu a polícia, era preciso levar os assuntos para o Comando do Exército. Eventos, por exemplo, eles liberavam e muitas vezes ajudavam. Na minha época, o Exército não participava de ações sociais."

Amaro não sabe dizer se naquela época a violência diminuiu. "No meu mundo nada mudou. Medo todo mundo tem. É uma defesa. Eu tenho mais medo na avenida Nossa Senhora de Copacabana do que na Maré. A vida continuou a mesma coisa. Ninguém falava nada. No sentido econômico a vida pode ter melhorado ou piorado. Ninguém falava se melhorou ou piorou. Nas minhas andanças lá por dentro não vejo nada de anormal. Tinha o Exército lá dentro? Tinha".

A ocupação da Maré pelo Exército ocorreu num momento em que tiroteios espocavam com maior frequência e a violência aumentava. "Num momento foram obrigados a tirar o pessoal dos postos de saúde e botar os doentes em outro lugar. As coisas não estavam boas. Era muito tiro. Não sei se era gente de fora, ou de lá, ou se era polícia. Mesmo trabalhando, tínhamos de ter muito cuidado. Não é dizer que estão contra a vila. O conflito era sempre entre eles ou a polícia. Eles mesmos mandavam sair da rua."

Antecipou-se, então, a instalação da UPP. A Maré já estava na mira do governo. Pouco menos de um ano antes da ocupação, 300 policiais entraram na Vila do João e na Vila do Pinheiro. Foi numa quarta-feira, em 10 de abril de 2013, e ficou claro que havia algo mais importante do que realizar prisões. O número de adultos detidos e de menores apreendidos chegou a cinco pessoas. Dois homens foram mortos durante a operação por terem reagido, conforme sempre frisam os relatórios policiais.

O que distinguiu essa operação de outras na mesma época foi que, além da apreensão de armas e drogas, cinco ruas foram desobstruídas com retroescavadeiras, que retiraram as barreiras colocadas por traficantes para impedir a chegada da polícia aos seus domínios. A bandidagem local estava de crista baixa, com a morte de um de seus chefes alguns dias antes.

No jornal do dia seguinte, a boa notícia para os moradores da Maré (ou má, depende do leitor): aquela incursão (ou invasão) de combate ao tráfico no conjunto de favelas visava à futura instalação de uma UPP. Na época, a sigla UPP começava a angariar simpatias. Meses antes, o chamado "processo de pacificação" começou na região, com a chegada de forças de segurança às favelas de Jacarezinho e Manguinhos, na região conhecida como Faixa de Gaza.

A ocupação "definitiva" deu-se no ano seguinte, entre março e abril, mas a guerra, que envolvia também a milícia, foi intensificada em junho. Confrontos que se estendiam pela madrugada terminavam com 10 mortes em poucas horas. Denúncias de ação truculenta foram rebatidas pelas autoridades com a lógica de que "o cenário é de guerra", como afirmou o então secretário de Segurança, José Mariano Beltrame, ao telejornal da noite, sempre pontuando que as denúncias seriam apuradas. Beltrame voltaria a falar na ocupação em julho do mesmo , para dizer que a secretaria já tinha tudo planejado para retomar o complexo de 16 favelas.

Em outubro, foi o próprio governador Sérgio Cabral o portador da novidade, ao garantir que a Maré ganharia uma UPP no primeiro trimestre de 2014, o que efetivamente foi cumprido.

Em novembro, com o aval da OAB, o Sindicato dos Professores divulgou um dossiê revelando que o terror se estendia às salas de aula. Eram frequentes os fechamentos das escolas da região por três dias ou mais. As mortes, em muitos casos de inocentes, ocorriam na porta das escolas, como a de duas pessoas assassinadas em frente ao Ciep Samora Machel. Uma delas viera buscar o filho no colégio. Houve relatos de casos de PMs entrando nas turmas durante as aulas, em busca de armas e drogas.

O processo de pacificação da Maré já se arrastava há três anos quando o governador Sérgio Cabral anunciou, em fins de março de 2014, que o Exército ocuparia o conjunto de favelas. A Copa estava chegando. E mais foi anunciado: o Complexo da Maré, com 130 mil habitantes, teria, a partir do dia 5 de abril, um militar para cada 55 moradores — índice sete vezes maior do que a média do estado —, ou 2.400 homens no total, sendo 2 mil do Exército e 400 do Batalhão de Campanha da Polícia Militar.

A ocupação seria, agora, apenas questão de tempo. A decisão fora tomada numa reunião entre o secretário de Segurança Beltrame, o ministro José Eduardo Cardozo, da Justiça, e o chefe do Estado-Maior das Forças Armadas, general José Carlos de Nardi.

Na ocasião, o ministro mudou o cronograma da instalação da UPP. Em vez de acontecer no primeiro trimestre, aconteceria no segundo semestre.

Preocupações surgiram, como a do diretor do Observatório de Favelas, Jailson de Souza e Silva, numa declaração ao jornal *O Dia*: "A gente não sabe o que pode acontecer quando se usa força militar em território urbano. Os soldados são preparados para a guerra, para enfrentar o inimigo e matar. A vida dos moradores precisa ser respeitada e não pode ser moeda de troca para combater a criminalidade". E acrescentou: "Esse controle de território deve ser feito para garantir a segurança, não para controlar os moradores".

Ou de uma moradora de 16 anos que afirmou a um jornal: "Quando começam a dar tiros, não dá para ficar em pé. Todo mundo tem que se abaixar. A polícia, quando entra, é para oprimir. Às vezes, não é nem um tiro. É um tapa na cara, um pé na porta, um xingamento. O medo é que isso volte a acontecer, com os militares na comunidade".

Sobre a correlação de forças na época, antes da chegada dos militares e da polícia, ela confirmou o que já se sabia: "Aqui tem traficante de diferentes facções. Quem é da Baixa do Sapateiro não anda na Nova Holanda. O Exército vai facilitar a circulação dos moradores. Mas isso não basta. Minha mãe tem 60 anos e precisa caminhar 40 minutos para pegar o ônibus. A gente quer transporte público, calçadas pavimentadas, asfalto e saneamento básico".

A lei do silêncio é uma constante em territórios subjugados. Nos 426 hectares da Maré, além das facções assumidamente formadas por bandidos, uma terceira, integrada por milicianos, controlava a praia de Ramos e a favela Roquete Pinto. Com a proximidade da operação envolvendo, além dos 2.500 militares do Exército e policiais, também a participação de blindados da Marinha, os chefes das quadrilhas e seus principais soldados fugiram, provavelmente no dia 21 de março, deixando para trás apenas encarregados de observar e relatar os fatos ocorridos.

Mas o silêncio perdeu um pouco da força. Moradores já falavam, mas sempre pedindo para não serem identificados pelos repórteres e cinegrafistas. Um deles já defendia as UPPs: "Moro aqui há 49 anos e os moradores estavam sendo muito oprimidos. Para quem não deve nada a ninguém, a UPP será uma boa".

Numa entrevista ao jornal *O Globo*, o professor Roberto Kant de Lima chamou a atenção para um fato: não seria uma intervenção definitiva. A convivência que irá se estabelecer em seguida à ocupação militar e a garantia de respeito aos direitos dos cidadãos é que determinarão os passos seguintes.

"A tendência que se anuncia globalmente é a de controlar oficialmente o consumo e a venda de drogas hoje ilícitas. Entretanto, no Brasil tem prevalecido um discurso perverso que associa o consumo e a venda de drogas à violência e à criminalidade, o que não é, decididamente, comprovado empiricamente. O consumo e a venda de drogas lícitas se fazem sem violência em todos os locais onde se estabelecem. É a ilicitude e a repressão que criam a violência e a criminalidade; e sua aceitação e naturalização corrompem, inclusive, as forças policiais envolvidas", declarou Kant de Lima.

Para o general da reserva Fernando José Sardenberg, que ajudou a planejar a ocupação do Complexo do Alemão, um problema enfrentado antes não se repetiria: "O Alemão tinha uma topografia que dificultava o patrulhamento. Já a Maré é plana e tem locais de apoio, como o 24º Batalhão de Infantaria e o quartel do Bope".

No dia 25 de março, agentes da Delegacia de Repressão a Entorpecentes (DRE) da Polícia Federal prenderam um dos chefões do tráfico da Maré. No dia 28 de março, finalmente, era autorizada a atuação das Forças Armadas na Maré, por força do Decreto de Garantia da Lei e da Ordem assinado pela presidenta Dilma Rousseff. O decreto foi publicado três dias depois, coincidindo com o fatídico cinquentenário do golpe militar.

Foi uma ocupação tranquila e que precisou de apenas 15 minutos para a instalação da UPP. Bandeira do Brasil hasteada, crianças brincando na praça, soldados sorridentes, essa foi a imagem que se teve dos acontecimentos de 31 de março de 2014, que caiu numa segunda-feira.

Beltrame tratou logo de procurar desvincular essa imagem de outras, da Copa do Mundo, que ocupariam telas em todo o planeta meses depois: "Tudo ocorreu tranquilamente, como esperávamos. Esta ação não é apenas para os grandes eventos que teremos no Rio, mas sim um legado para a cidade".

Imagens feitas na época mostraram os primeiros momentos da ocupação. Na Vila Pinheiro, poucas pessoas andavam nas ruas, na parte da manhã, e policiais do Batalhão de Choque revistavam carros no interior da favela. O clima era de tranquilidade.

Na Nova Holanda, moradores acompanharam de suas janelas a chegada dos blindados da Marinha. Num dos acessos principais, feirantes montavam suas barracas de frutas. Uma guerra de pedras entre jovens que teriam ligações com as facções inimigas (Comando Vermelho e Terceiro Comando) foi travada. Um adolescente de 15 anos morreu, não de pedrada, mas atingido por um tiro. Outros jovens foram presos por terem depredado veículos na Linha Vermelha.

Um morador que se identificou como Antônio Santos contou a um repórter no Conjunto Esperança: "Estou desde as 10 horas sentado na rua, lendo, e não vi um policial. Está um dia como outro qualquer". A guerra de pedras serviu para mostrar que as hostilidades entre os moradores da Nova Holanda e da Baixa do Sapateiro não cessariam, disseram moradores.

No dia da ocupação, a prefeitura do Rio anunciava que investiria R$ 325 milhões em educação na Maré até 2016. PMs se aproximaram de crianças menores para conversar, observados por um repórter: "Vocês preferem o traficante ou a polícia?" Um menino respondeu: "Eu prefiro a polícia. Mas a maioria não prefere não". O policial disse: "Mas a gente veio para trazer coisas boas para vocês. O tráfico é só coisa ruim, drogas, não traz nada de bom". Outro menino, mais novo, entra na conversa: "É, mas o Menor P (chefe do tráfico local) foi que reformou aquela praça ali. Foi ele, sim. E vocês vão fazer o quê? Vão dar cesta básica pra gente?". O policial se vira para o repórter: "Olha aí, os valores estão todos desvirtuados. É difícil, cara".

No dia 2 de abril, a Baixa do Sapateiro recebeu a primeira ação social, com serviços e informações sobre emissão de documentos, delegacia itinerante para atendimento à mulher, orientações sobre saúde bucal e atividades recreativas. Foi anunciado, também, que mil moradores da região seriam capacitados em cursos de agente ambiental.

Os moradores mais pobres da Maré foram identificados: 30 famílias vivendo em situação de miséria absoluta na localidade mais esquecida do complexo, conhecida como Mac Laren. Nem consta do mapa. A água vem de um cano quebrado. É lá que todos tomam banho, escovam os dentes, lavam a louça e buscam água para beber em casa e fazer comida. Margeado por um valão, o local sempre alaga quando chove. Crianças são atacadas por ratos enquanto dormem. O almoço de uma dessas crianças foi um pão doce dividido com mais três crianças.

No dia 5 de abril, três blocos carnavalescos desfilaram no Parque União. Era um protesto, não carnaval. Vinte músicos e cerca de 100 pessoas, entre moradores e ativistas sociais, saíram às ruas tocando *funks* antigos, em protesto contra os mandados coletivos e o constrangimento sofrido por mulheres revistadas pelos policiais.

Uma semana depois da ocupação, no dia 6 de abril, a ativista social Patrícia Vianna, da ONG Redes de Desenvolvimento da Maré, relatou denúncias de moradores sobre abusos de conduta de alguns policiais e anunciou que seria iniciada a campanha "Somos da Maré, temos direitos". Adesivos foram feitos com frases, tais como "Conheço os meus direitos". A denúncia mais grave foi a de execução de um rapaz de 18 anos por homens do Bope que o interrogavam.

Na entrevista ao jornal *O Globo*, ela considerou absurda a expedição de mandados de busca coletivos que davam à polícia autorização judicial para entrar em qualquer residência do Complexo da Maré.

A venda de drogas não cessou. Alguns traficantes ficaram escondidos em lajes cobertas e de lá monitoravam os blindados da Marinha e os fuzileiros navais. A cada semana, novas apreensões de drogas e armas eram noticiadas.

Quinze dias depois da ocupação, informações oficiais davam conta de que os militares sofreram, em abril, uma média de dois ataques por dia na Maré. A Força de Pacificação inicialmente negou os tiroteios, para confirmá-los logo em seguida.

No início de maio, o jornal *Maré de Notícias*, da comunidade, noticiou que os preços dos imóveis na região dispararam. Uma quitinete com laje na Nova Holanda foi anunciada por R$ 60 mil, e o dono de uma casa na Vila do João, bairro mais valorizado da Maré, estava pedindo R$ 160 mil por ela.

O EXERCÍCIO NA PISCINA JÁ FAZ PARTE
DA VIDA DA COMUNIDADE

CAPÍTULO 10

A MARÉ TEM DE TUDO

O QUE TRANSFORMA É UPP SOCIAL

Antes de o governo do estado anunciar a ocupação do Complexo da Maré pelo Exército, Amaro já tinha dúvidas em relação às mudanças que poderiam ocorrer na comunidade. "Não sei se vai fazer diferença com UPP ou sem UPP. Nosso trabalho tem que continuar. Quando o trabalho é interrompido por causa da violência ele é retomado com mais força. Vê-se ainda mais a necessidade daquilo. É por isso que estou ali há 55 anos. Temos sempre que mostrar ao governo que, se houver vontade, se consegue chegar aonde se quer. Nós não falamos, só mostramos. O que acontece na Maré tem que pesar no coração e na consciência de alguém."

Para Amaro, o importante na chamada pacificação é a questão das instituições sociais que passam a funcionar lá dentro. Trazer escolas e outras oportunidades de aprendizado para a comunidade é o mais importante. Muita gente não tem condições de ir longe para ter acesso a esses bens culturais. "Para mim, o que muda não é a UPP policial, mas a UPP social, com tudo que ela pode trazer de benfeitorias sociais e emprego. Mas isso pode ser feito independente de UPP."

Na verdade, o Complexo da Maré já conta há muitos anos com vários projetos sociais, além do projeto socioesportivo da vila olímpica. "A Maré tem de tudo, há muito tempo", escreveu em sua linha do tempo no Facebook, no dia seguinte à ocupação, a jornalista Anabela Paiva, assessora de comunicação da ONG Redes de Desenvolvimento da Maré.

A Redes <http://redesdamare.org.br/> é uma organização da sociedade civil que se dedica à promoção e ao desenvolvimento sustentável para a transformação da Maré. Sua missão, segundo o portal da instituição, é "promover a construção de uma rede de Desenvolvimento Territorial através de projetos que articulem diferentes atores sociais comprometidos com a transformação estrutural da Maré e que produzam conhecimentos e ações relativas aos espaços populares, que interfiram na lógica de organização da cidade e combatam todas as formas de violência".

Anabela contou como parte da comunidade recebeu a ocupação: "Na noite de espera da chegada das forças de ocupação, a Maré teve uma sessão lotada do espetáculo de dança "Pindorama", teve baile *funk* e forró".

"Sempre que há pacificação de algum território", continua Anabela, "a imprensa faz matérias sobre "coisas novas" na favela, que chegaram com a pacificação. Contra isso, moradores vão usar a *tag* #OQueAMaréTem para mostrar tudo o que a Maré sempre teve".

"Pindorama", por exemplo, espetáculo de dança criado e dirigido por Lia Rodrigues, foi encenado no Centro de Artes da Maré, aberto ao público em 2009, fruto de uma parceria entre a Lia Rodrigues Companhia de Danças e a Redes da Maré. No Centro de Artes, um lugar que é "o encontro da dança com a educação", Lia organiza aulas para os moradores da comunidade e promove aquilo que chama de "democratização do direito de escolha".

O centro abriga ainda o Ponto de Cultura Rede de Arte da Maré, a Escola Livre de Dança da Maré e o MaréCine, entre outros projetos. Tudo dentro do âmbito da Redes de Desenvolvimento da Maré, fundada em 2007. Uma de suas diretoras, Eliana Souza Silva, tem como uma de suas funções coordenar o diálogo entre moradores e a PM. Ela nasceu na Paraíba, migrou para a Nova Holanda, na Maré, onde morou até 1995. Em reportagem do jornal *O Globo*, em 13 de maio de 2014, ela afirmou que os próprios moradores devem operar para a solução dos problemas que vivem: "Nenhuma mudança estrutural vai acontecer sem o compromisso das pessoas que os vivenciam".

Às vésperas da ocupação, Eliana disse que havia um diálogo ocorrendo. "É um caminho possível para uma ação qualificada e sustentável. [...] O morador precisa entender que o trabalho tem que ser feito."

Anabela chamou a atenção para as informações sobre o complexo e garantiu que muita coisa que se passa dentro das comunidades pode ser acompanhada pelo #DeDentroDaMaré, através do Favela Fiscal, alimentado por moradores.

Há também muitos eventos na Maré que ocorrem quase diariamente. Entre eles, a Parada Gay, na Vila do Pinheiro, a festa junina na Baixa do Sapateiro, o Forró do Parque União, os espetáculos de dança no Centro de Artes da Maré (CAM — Ponto de Cultura), a Lona Cultural da Maré, com *rock*, pagode e samba, e a Feirinha de Itaipava, com muita carne de sol com aipim, comida japonesa e *pizza* no forno a lenha são os mais concorridos.

Em seguida à ocupação pelo Exército, a sociedade civil da Maré fez uma série de reuniões para avaliar e fiscalizar a situação da comunidade. Decidiu-se, entre outras coisas, estabelecer grupos de trabalho para receber e acompanhar eventuais violações de direitos dos moradores no processo da ocupação. Nos primeiros dias da primeira fase da ocupação, iniciada em 21 de março de 2014, as denúncias anônimas de violações de direitos por parte de policiais foram muitas. Entre elas, a de que um jovem de nome Alexandre teria sido morto e a de que outros cinco jovens, de 19 a 22 anos de idade, teriam sofrido violência física e terror psicológico também provocado por policiais do Bope. A maioria dos moradores ainda evita denunciar formalmente os abusos com medo de represálias.

"AQUI SE APRENDE COM A REALIDADE DA VIDA, ONDE O ATOR É VOCÊ PRÓPRIO." — AMARO

CAPÍTULO 11

DE CABEÇA ERGUIDA

"SOU MENOR QUE UM GRÃO DE AREIA,
MAS TENHO OBRIGAÇÃO DE OLHAR O PRÓXIMO"

Não raramente ele vai dormir à meia-noite ou uma da manhã. Isso quando não vai para a igreja ou se alguém não bate à sua porta em busca de ajuda ou conselho. Aí não consegue dormir. Quando volta da vila para casa e sobra um tempinho, tenta ler seus *e-mails*. No dia seguinte, acorda às cinco da matina, vê o noticiário na televisão e vai para a vila. Sai cedo de casa, mas não consegue chegar cedo à vila, que é ali do lado. Amaro é parado na rua por quase todos. Uma conversa, uma lamúria, um agradecimento, um palpite, um pedido. Só lá pelas nove horas é que consegue atravessar os portões. Era assim, todo dia. Como isso acontecia demais, Amaro resolveu, num determinado momento, que passaria a se locomover no seu velho carro, um Opala 72, dentro da Maré. Aí, passou a chegar em dois minutos. Mas, mesmo assim, acaba sendo parado no portão da vila e lá se vão mais alguns minutos de papo. Sua antessala são duas árvores que ficam ali na entrada. É a comunidade, são os funcionários, alunos. Cada um com seu problema. Se ele ficar do lado de fora, passa a manhã e a tarde fazendo isso.

Quando finalmente consegue chegar à sua sala, volta a receber as pessoas lá dentro. E o papo continua. Quando não tem que ir à secretaria ou se reunir com as autoridades, Amaro volta para casa no fim do dia, toma banho, muda de roupa e quase sempre vai para a igreja. Às vezes, só vai almoçar às cinco da tarde, em casa.

Político, diplomata, pastor?

Para Rubem César Fernandes, Amaro é um ser resolutivo. "Com ele não tem blá-blá-blá. Ele resolve. Fala com todo mundo e tem lá sua malandragem. Sabe se mexer, fazer política, e foi desenvolvendo uma mística de liderança. Nunca foi partidário. Soube ser interlocutor das várias gestões, e um grande articulador e mediador. Agora, na velhice, ele ancorou na fé. Desde que entrou para valer na Igreja ele começa e termina toda reunião com uma oração. Sabe pregar, sabe orar. Mas ele se equilibrou. É um líder comunitário no sentido mais pleno."

Amaro é mesmo interlocutor. Uma hora, está conversando com o pessoal do ônibus da biblioteca, já tentando organizar para que o ilustre veículo vá para outras vilas olímpicas. Logo depois, já está na comunidade Marcílio Dias levando lanche para as crianças. E olha que o caminho não é curto. Na caminhada, é só alegria. Amaro é recebido como se fosse morador do local. "Isso para mim é uma riqueza, não vaidade, é um grande prazer saber que estou fazendo bem a alguém."

E segue a peregrinação: sai da Nova Holanda, vai para o Pinheiro. Sai do Pinheiro vai para o Parque União. De lá para Bento Ribeiro Dantas. Sai dali, se encaminha para o Parque Ecológico. Até que sai de dentro da Maré, entra no Caju, sai de lá e sobe o morro do Turano, de lá, sobe o morro da Formiga. E vai andando. Tem amigos nesses lugares ou vai simplesmente ajudar as associações. Quando não está no Rio, está em Itaguaí, Nova Iguaçu, na Baixada. Faz palestra em escola em Ramos, é chamado para falar com as crianças. Nunca estudou, mas já fez até palestra para formandos da universidade. "Minha escola foi o mundo. Falo sobre o que vi, vivi e estou vivendo."

Amaro viveu toda a sua vida adulta na Maré, mas não conhece todo o complexo. "Acho que ninguém conhece tudo na Maré. É muito grande. Não conheço nem toda Nova Holanda. Sou conhecido, não só lá, mas principalmente se eu estiver com esse carro bege." Amaro é abordado onde quer que vá. Os meninos vendedores oferecem bala e dizem: "Não precisa pagar agora, não".

"Tenho que ter um cuidado muito grande para não errar fora de lá. O que sou lá sou aqui também. Não sou certinho. Completamente certo só teve um: Jesus Cristo. Procuro conversar com as pessoas, não sou psicólogo, mas as pessoas sentam comigo, contam a vida e eu incentivo, converso, tento tirar aquilo da cabeça delas. Faça uma experiência: fica na porta da vila e espera eu chegar e veja quanto tempo eu demoro para conseguir entrar."

Às vezes, Amaro tem vontade de parar. Leva uma vida dura, sem sossego. Teve trombose na perna e acha até que foi bom, porque serviu para dar uma freada nas atividades. Não pode ficar mais de uma hora ao volante, tem que parar e se movimentar. Também ficou difícil andar a pé. Mas quando pensa em parar, diz que sua consciência pesa porque pensa na responsabilidade que tem. Para que os outros entendam melhor seu dilema, Amaro lança a pergunta: "Você já sentiu a sensação de estar em cima de uma ponte e uma criança dentro da água gritando socorro e você não sabe nadar e quer pular lá dentro e vê aquela criança morrer e não poder salvar? A sensação é a mesma. Eu sei que eu tenho possibilidade de aproximar, nem que seja para dizer uma palavra de conforto na hora da morte. Quando me recuso, estou dando as costas. Vontade de sair eu tenho, já tentei. Mas é um estresse muito grande. Hoje mesmo, se eu estivesse lá teria várias pessoas me pedindo coisas, pedindo para eu interferir etc. Principalmente na vila: são mais de 100 funcionários, 1.900 crianças por dia. Fora as pessoas que estão transitando por lá".

E segue: "Às vezes, a pessoa precisa, mas não tem como se aproximar daquelas pessoas que podem resolver os problemas. Eu conheço várias pessoas e posso encaminhar quem me pede ajuda. É dizer sim, dizer não, isso eu faço, isso não pode. Cada dia que passa, você elimina um problema e cria dois. Nunca acaba. Eu gosto de ajudar. Não olho nada, olho pessoas, seja quem for. É traficante, é polícia, se precisar eu aconselho, ajudo. Se é um viciado, eu boto dentro do carro de dia, de madrugada, a qualquer hora e levo para as instituições evangélicas. Elas recebem e levam para as instituições que fazem o tratamento médico. Numa reunião que tivemos no Viva Rio perguntei a uma autoridade para onde a gente leva esse pessoal viciado? 'Ah, nós estamos organizando'. E nada acontece. Os evangélicos recebem essas pessoas e ninguém dá ajuda. Quando falo em parar, me aparece coisa pra fazer. Às vezes falo: hoje não vou à vila, e quando vejo estou na vila. Só vou parar quando me mandarem parar".

Amaro é um sobrevivente. Quantos líderes comunitários não foram assassinados nas favelas? Durante mais de 80 anos, Amaro enfrentou o desafio de sobreviver a todas as dificuldades de um homem que nasceu pobre e nunca frequentou uma escola, mas conseguiu levar uma vida honesta, num ambiente em que poderia facilmente cair em tentação. "Quantos cheques em branco eu deixei de aceitar?" No balanço que faz da sua trajetória, ele afirma: "Meu maior orgulho é poder andar com a cabeça erguida em qualquer lugar que eu vá. Disso eu tenho orgulho mesmo. Se tirar de mim minha dignidade, você tirou um baú de ouro. Se tirar de mim dinheiro, tirou um baú de lixo".

Quando morava em Manguinhos, primeiro lugar onde se estabeleceu no Rio, Amaro jamais poderia pensar que hoje seria "um carregador de recado", um missionário da vida, um lutador pela sociedade, ensinando e aprendendo com a vida. "Não sei da minha vida amanhã. Aprendi o momento certo de chamar a atenção das pessoas e de você se corrigir a si mesmo. Isso é a vida que ensina. É diferente de uma faculdade. Aqui se aprende com a realidade da vida, onde o ator é você próprio."

Amaro aprendeu logo que a vida na cidade não é igual à da roça. "Lá, se você está com fome, sobe no pé de goiaba, come. Pega um abiu roxo, um jenipapo, corta uma cana, chupa. Mas nessa selva de pedra, vai comer o quê? Aí, a pessoa parte para esse lado. Não é que seja certo, mas é assim. É muito fácil aconselhar de barriga cheia. Muita gente chama de vagabunda uma pessoa que vem do Norte, não tem onde morar, vai viver debaixo de uma manilha, de uma ponte, com três ou quatro filhos. Mas ninguém aparece para dar emprego. Um dia essa pessoa rouba um biscoito num supermercado. Aí vai preso ou para o Conselho Tutelar, Funabem, e já sai pronto para o crime e revoltado. A sociedade tem que fazer alguma coisa. É aí que entra nossa luta. Dando para o povo o que é obrigação do governo."

Arrependimento ele não tem. Aprendeu com a vida a separar o bem do mal, e antes disso não tinha a mesma consciência. "Quando eu nasci eu vivia num mundo onde ninguém tinha conhecimento do que era o bem e o que era o mal. Às vezes, expulsava o bem pensando que era o mal. Só fui ter esse conhecimento com mais de 20 anos. A vida para mim era normal. Normal morrer, normal viver. Depois comecei a ver que a vida não era bem assim, tinha que evoluir. Aí vieram as dificuldades, os sacrifícios. Fui aprendendo depois que comecei a trabalhar. Já pensou sentar num caminhão com 33 metros de comprimento, sozinho, viajar noite e dia? Na época as estradas eram todas de barro. Já pensou? Tinha que botar corrente nos pneus para andar. Se estourasse um pneu ou atolasse, tinha que entrar debaixo do carro para drenar a água. Nas estradas passava fome e sede com dinheiro no bolso. E todo o tempo lembrando que eu poderia estar deitado numa cama com a minha família. São as dificuldades da vida. Quando eu era militar, tinha problemas, mas na hora da fome tinha almoço, café, lugar para dormir. Depois tive que trabalhar para ter tudo isso. Antes eu tinha um pai, uma mãe, morava na roça, não passava fome. Pegava um cavalo, saía pelas estradas, pegava frutas, cana. Quando a gente arruma família e filhos é diferente de tudo o que fica pra trás. E dali para frente é que é importante a honestidade, seriedade, dignidade. Eu tive oportunidade de pegar coisas, trabalhar em meu benefício, mas não fiz isso. Só tive dois empregos: trabalhei 28 anos numa empresa e quase 12 na outra. Hoje sou aposentado, tenho um trabalho social desde 1992. De 1993 pra cá, não parei."

Teve irmãos que foram criados separados e três (quatro com ele) foram criados juntos. Tomou conta dos três. O mais velho e os outros dois foram criados pela avó paterna, que foi morar na Penha, no Rio de Janeiro. Dois dos mais velhos já morreram, antes que pudessem se encontrar novamente. Sobrou o mais velho de todos. Apesar das diferenças, um criado na cidade e Amaro na roça, se dão bem. Dos mais novos, sobraram um irmão e uma irmã, criados com a mãe e que hoje moram também na Maré.

Não teve filhos com a primeira mulher, que já faleceu. Casou-se com Zilah e teve sete filhos: Sandra, Sonia Maria, Sueli, Silvana, Suzana, Carlos Alberto e Solange, a mais velha, já falecida. Comprou uma casa em Nova Iguaçu, morou lá um ano e, quando se separou, voltou para a Maré, para a casa onde está até hoje. A mãe dos filhos também já morreu. A relação com os filhos é boa, embora distante. Quando pensa nos filhos, Amaro reconhece que cuidou mais dos filhos dos outros do que dos seus e lamenta não ter podido dar para seus filhos o que acredita ter dado às outras crianças. "Meus filhos nunca tiveram a felicidade de usufruir das nossas conquistas sociais." Mas a relação com eles sempre foi boa. Quando se separou de Zilah, a mãe de seus filhos, foi viver na Maré, enquanto eles ficaram morando em Nova Iguaçu. Com a mulher atual, Leontina, não teve filhos.

Adultos, os filhos foram morar para os lados de Nova Iguaçu, em Tinguá e Xerém. A relação com eles é distante. Amaro quase não os visita. Tem neto que não conhece. Não consegue tempo para encontrar com eles. "Sou prisioneiro dos compromissos. Durante a semana tem a vila, fim de semana tem a igreja." Todos trabalham, todos estudaram. Uma filha biológica e outra de criação morreram. De tempos em tempos ele se encontra com algum deles, ou encontra um na casa do outro. Com a atual mulher, Leontina Firminino, está há mais de 25 anos. Leontina não gosta de aparecer, e arrancar uma conversa dela é difícil. Amaro tentou dar uma educação para os filhos, mas não foi bem-sucedido em tudo. "Consegui botar meus filhos quase todos no alinhamento, mas nem todos. Tenho uma filha que entrou para o desvio e não volta de jeito nenhum. Mas me dou bem com eles, que moram no estado do Rio. Quando vou lá descanso, só escuto passarinho."

Quando está agoniado, Amaro gosta de ler. Prefere ler a ver na televisão coisas que desaprova. Como alguns protestos que viu na TV. "Acha que é justo fazer esses movimentos e depois vir os mascarados e quebrar tudo? Para que ficar olhando isso, para me agoniar, me revoltar? Então não olho. Prefiro ler. Sentado quieto num canto. Mas é raro eu poder fazer isso porque eu moro dentro da favela. Muitas vezes é tiro daqui, dali. É polícia lá, uma pessoa grita aqui. É terrível. Se você acha que não tem nada a ver com aquilo, deixa rolar, deixa acontecer, não foi você que provocou. Mas se você tem responsabilidades, começa a preocupação. Se tem confusão hoje, já fico preocupado com o dia de amanhã, com as pessoas que vão chegar para trabalhar. Embora esteja acostumado a conviver com isso, a gente fica estressado."

Quando alguém pergunta se ele tem medo de viver nessa corda bamba, resolvendo conflitos no meio do fogo cruzado, ele responde que o medo é seu escudo. "Não vou dizer que não tenho medo porque ele é a proteção da minha vida. Enquanto tiver medo, tenho vida. O medo funciona como guarda-costas, proteção e segurança."

A vila serviu de exemplo e despertou a atenção das pessoas para formarem associações, como a da mulher e do comércio. "Não acho que fui eu quem influenciou, mas é como se eu estivesse passando com uma roupa verde e o cara viu e copiou. E vai garantindo a continuidade. Mas as pessoas não podem sofrer decepção porque isso é como a morte. Eu andando na rua, procuro ser o mais certo possível porque tenho a impressão de que tem sempre alguém que me conhece me observando. Se eu sou certo lá na vila, tenho que ser certo em todo lugar. O exemplo é fundamental."

Sua esperança, que ele acha que não alcançará em vida, é que a humanidade entenda e compreenda como é importante amar o próximo. E espera também ir para um bom lugar depois que se for daqui. "O dia em que eu sair desta terra, que Deus me leve e bote lá perto dele. Eu sou menor que um grão de areia, mas tenho obrigação de olhar o próximo. Tem gente que é pior que traficante, se aproveita do outro para se beneficiar. Tem gente que ganha para cuidar de nós e faz pior, destrói. Mas isso é coisa do mundo mesmo. Não adianta vaidade, orgulho, nada. Todo mundo vira pó."

Aprendeu também que todos devem ter acesso aos benefícios do Estado e a uma vida digna. "Sei que um chefe de família tem que ter um emprego, que uma criança precisa de alimentação, que uma família precisa de um lar e precisa morar num lugar decente, com saneamento e água. É necessário ter escola. Eu luto para isso. Preciso disso? Não preciso mais. Sou aposentado, tenho minha família, minha casa, meu carro velho que me leva para onde eu quero. Posso ficar deitado dentro de casa. Não precisaria estar enfrentando uma situação dessas. Mas o que eu não consegui para mim ou para meus filhos, eu quero conseguir para os filhos dos outros. E considero todos eles meus filhos. Escolhi para filhos os moradores da Maré. São mais que meus filhos biológicos, porque eu os escolhi. Escolhi uma comunidade, escolhi um lugar para estar. Agradeço a Deus quando as pessoas se aproximam de mim. Porque não sou eu sozinho. Sou um carregador de recado. Sou um mensageiro. Essa é minha vida."

Amaro não tem mais seu carro bege. A Justiça levou por conta de um processo trabalhista antigo na cooperativa que criou e onde ele nem ganhava salário. Pagou o pato. Mas aos 82 anos, ele não se afoba. Anda a pé pela Maré, conserva a mesma energia, não desiste do trabalho. E, sobretudo, mantém a esperança.

AMARO COM O PRÍNCIPE CHARLES EM VISTA AO BRASIL

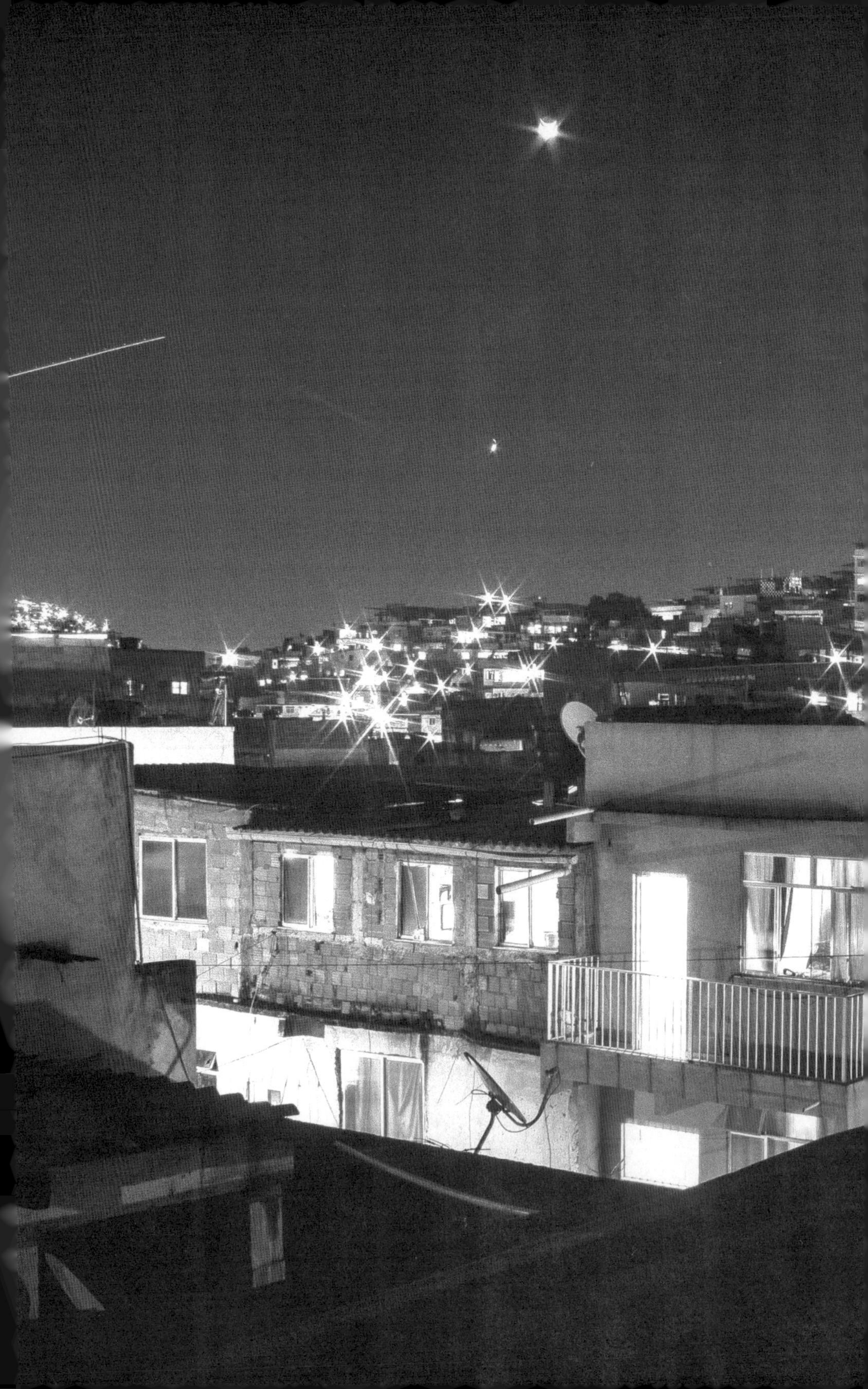

DEPOIMENTOS

"SOU UM CARREGADOR DE RECADO. SOU UM MENSAGEIRO. ESSA É MINHA VIDA." — AMARO

AS PALAFITAS ACABARAM QUANDO A PRAIA DE RAMOS FOI ATERRADA

ALINE, A MENINA DAS PALAFITAS

Aline Costa da Cunha nasceu em 1984 e trabalha há 14 anos na vila olímpica. É formada em letras, fala inglês e é muito articulada. Hoje em dia, quando quer resolver um problema, prefere escrever. Diz que assim consegue organizar melhor as ideias. Mas, quando fala, não desperdiça palavras. Vai direto ao ponto com uma desenvoltura invejável. É uma moça bonita e alegre, como muitas outras da sua idade que cresceram na cidade do Rio de Janeiro com segurança e sem maiores dificuldades. Mas, para ela, não foi bem assim. Aline cresceu nas palafitas.

Aline nasceu num barraco erguido na praia de Ramos sobre palafitas, na comunidade de Roquete Pinto, no Complexo da Maré. Toda vez que conta a história da sua vida sobre palafitas, que durou até os 11 anos, ela se emociona e chora. Havia um só cômodo para seu pai, sua mãe e as três irmãs. Sonhava com uma casa com varanda, que tivesse mais um quarto para seus pais e um lugar para brincar de boneca, mesmo sem ter bonecas para brincar. "A pobreza era muito grande."

Quando chovia e a maré enchia apareciam ratos e lacraias. Era um pavor porque não havia cama e todos dormiam no chão. Uma vez, Aline caiu "na maré". Devia ter uns sete anos. E não sabia nadar. Uma vizinha, dona Doca, senhora obesa, mas atenta, viu a menina se debatendo e a puxou na hora. Por pouco Aline não bebeu daquela água imunda, fonte de doenças inimagináveis.

Um dia, o governo municipal do prefeito Cesar Maia mandou aterrar a praia de Ramos e removeu as famílias para outros locais, entre elas a de Aline, que acabou em outro ponto da Maré, na Baixa do Sapateiro, que hoje fica ao lado da vila olímpica. A mudança foi radical. E a vida começou a melhorar. O primeiro que se beneficiou do então projeto da vila foi o pai de Aline, seu Armando Domingos da Cunha, que conseguiu um emprego na construção do ginásio. De bicicleta ou de patins, Aline passava sempre pela ciclovia, ao longo do terreno da vila, e acenava para o pai, pendurado na obra do ginásio, pedindo que se cuidasse.

Com a construção da vila, Aline e várias pessoas dali passaram a sonhar com muitas atividades, entre elas uma piscina para natação. "O sonho veio com seu Amaro, e o projeto abrangia tantas famílias que nunca pensei em chegar onde cheguei." Curiosa, Aline espichava o olho cada vez que passava por ali para ver como andava a construção. Quando a vila ficou pronta, se inscreveu em várias atividades. Ela já tinha 15 anos e passava mais tempo na vila do que em casa. Começou com ginástica olímpica, que achava incrível, e foi aluna do professor Sebastião Medeiros, que até hoje dá aulas na vila. Participou do vôlei, do futebol feminino, do basquete.

Da amizade com os funcionários para uma colaboração efetiva foi um pulo. Logo ela se ofereceu para ajudar como voluntária. Começou fazendo cartazes para eventos. Adorava ficar lendo na biblioteca e conseguiu seu primeiro emprego lá, como estagiária, trabalhando num projeto que auxiliava no aprendizado da leitura, fazendo contos, ajudando na reprodução de desenhos e coordenação motora das crianças. Seu foco era a construção educacional.

Com a experiência do trabalho e a base disciplinar conseguida através das atividades esportivas, Aline resolveu fazer uma prova que o governo federal ofereceu na vila para trabalhar num projeto do Observatório dos Direitos Humanos. Passou na prova e teve de deixar a vila por um tempo. Quando terminou o projeto, um ano depois, foi a Brasília apresentá-lo. Ela lembra que era o período de transição do governo de Fernando Henrique para o de Lula.

Nesse período, a vila havia fechado e seu Amaro tinha deixado a presidência. Mas foi só reabrir a vila para Aline voltar, desta vez para ajudar nas questões administrativas, como inscrições, coordenação etc...

E a vida foi andando. Inscreveu-se no curso de inglês CCAA, que tinha uma parceria com a vila olímpica. Muitos entraram no curso, mas só ela chegou até o final. Primeiro conseguiu a bolsa e depois foi pagando o curso com parte do salário que recebia na vila. Com o conteúdo que o curso lhe deu e o suporte da vila, foi fazer letras na Faculdade CCAA. Formou-se em 2010, aos 24 anos, e foi assumindo outros cargos na administração da vila. "Não consigo me desvincular, não sei se vou querer sair um dia. Quero contribuir porque fui tão apoiada!", diz, emocionada.

Com o trabalho em tempo integral, Aline ajuda a família. O pai, que sofreu um derrame, é acompanhado pelo projeto de Pessoas Deficientes (PD), da vila, que o ajudou a voltar a andar de forma melhor.

Para Aline, seu Amaro é "uma pessoa visionária, um líder de espírito forte, que luta pelos seus ideais". Da porta do ginásio, ela olha em volta: "Foi ele quem idealizou isso tudo. Ele é encantador. Aprendo com ele todos os dias. Com seu conhecimento, com sua franqueza".

Ela se lembra bem de quando o príncipe Charles, da Inglaterra, esteve no Brasil e foi à sede do Luta pela Paz, na Maré. Seu Amaro fez questão de ter Aline do seu lado porque ela fala inglês e poderia compreender o que Charles iria dizer. Os elogios não param aí. "Seu Amaro tem carinho e afeto, lida com todos igual, do pessoal da limpeza aos outros líderes comunitários. É uma pessoa excepcional, de referência nas questões comunitárias. Ele tenta pacificar e resolver os conflitos. É um articulador. Estabelece boas conexões e ajuda a comunidade como um todo. Isso é difícil, não é qualquer um que dá a cara a tapa. Ele sonhou e fez. E isso é bom porque a gente pode sonhar também."

Aline, como a maioria das moças da sua idade, quer casar e ter filhos. Ela não acha ruim viver na Maré. Tirando a violência e algumas questões urbanísticas, ela acha que a Maré pode ser um bom lugar para se viver. Além disso, ela quer deixar lá um bom legado.

A VIDA MUDOU PARA MELHOR DEPOIS QUE ACABARAM AS PALAFITAS

O MANDELA DA MARÉ

Maria Clara Rodrigues da Silva tinha um sonho. Queria ser assistente social, mas não conseguiu fazer uma faculdade porque seus documentos de identificação não estavam corretos e o nome de sua mãe estava errado. Conheceu seu Amaro em 1995, quando ela se mudou da favela Roquete Pinto, na Maré, onde vivia num barraco sobre as palafitas, para a Nova Holanda, onde ele morava e mora até hoje. "Eu estava sozinha. Na comunidade não existem muitos amigos. Tem uns que querem aquilo certo e outros que só pensam no dinheiro, em desfilar com seu carrão, comprar tênis da moda, paletó bonito. Seu Amaro era muito humilde e eu me apeguei a ele como se ele fosse um pai. Existia muita divisão aqui na Maré e ele andava por aí tudo, sempre falou com todo mundo. E venceu com a calma dele, que me ensinou muito. Para mim, seu Amaro é o Mandela da Maré."

Clara, ou Clarinha, como é chamada na vila olímpica, trabalha com seu Amaro desde que o conheceu. Primeiro na Unimar, quando ela ofereceu duas salinhas de sua casa para as reuniões da união das associações. Hoje ainda é secretária assistente do seu Amaro.

Clara nasceu na Paraíba, mas desde criança queria sair de lá porque seus pais bebiam muito. Escreveu para a avó, que morava no Rio, e um tio foi buscá-la e ela foi morar com a avó em Cordovil, subúrbio do Rio. Tinha uns 13 anos. A vida não melhorou muito. A avó paraibana era evangélica rígida. E racista, segundo Clara. "Ela não gostava de preto. Discriminava minhas amigas, que eram pretas na sua maioria. Eu sofria com isso." Um dia, depois que a avó já tinha morrido, Clara foi visitar a mãe de uma colega que morava na favela Roquete Pinto, uma área de barracos sobre palafitas. A mãe estava doente e em sua casa tinha sempre muitos ratos. Clara foi preparar uma salada, deixou os legumes numa vasilha em cima da mesa e foi buscar a maionese. Quando voltou não tinha vasilha, nem comida, nem nada. A ratazana tinha comido tudo. "Fiquei horrorizada e falei para minha amiga: como isso aqui é horrível!"

Tempos depois, o tio dessa sua amiga morreu e a família não tinha como pagar o enterro. "Compra o barraquinho dele, Clara." Puxa, ela tinha medo de morar lá, mas resolveu comprar para ajudar a amiga. E mudou-se para as palafitas. "Minha avó era ignorante. Ela morreu e eu fui com minhas colegas morar na Maré. Deixei meus tios e hoje ninguém sabe de mim."

Quando chegou lá ficou espantada. Quando a maré enchia, tinha de pedir ajuda para atravessar para ir trabalhar. "Mas ninguém nunca resolveu nada por aqui?", ela se perguntava a toda hora. Ficou sabendo que havia um projeto na prefeitura para remover os moradores das palafitas. Foi até a prefeitura e conheceu uma mulher chamada Maria Helena, que lhe mostrou o projeto. "Acreditei e ela disse: 'Já que você veio nos procurar, queria te pedir para ajudar a cadastrar os moradores'." Apesar do tráfico e da violência, Clara já tinha feito amizades ali e as pessoas confiavam nela. Aos poucos foi ganhando a confiança e tentava convencer os que relutavam, explicando que iam viver melhor, com esgoto, perto do asfalto, um chuveiro, uma escola mais perto para os filhos. "Na época me crucificaram muito, mas eu resisti."

Ajudou a fazer o cadastramento de todos os moradores. Queria mesmo realizar o sonho daqueles moradores. Um dia foi fazer um cadastro e seu pé afundou, quase caiu dentro da água. Foi puxada e se convenceu, ainda mais do que nunca, de que tinham que sair dali. O prefeito Cesar Maia cumpriu a palavra e as pessoas foram removidas para a Nova Holanda. E assim acabaram as palafitas.

"O pessoal se mudou para casinhas e era tudo mais bonitinho e organizado que hoje, a gente botava ordem, tinha o dia do lixo. Eu estava muito desesperada e não conhecia ninguém nesses lados. Mas tinha que continuar minha luta porque sou paraibana, e paraibano quando tem um objetivo vai até o fim. Aí conheci seu Amaro."

Seu Amaro tinha assumido a Unimar e usava as salas oferecidas por Clara nas reuniões da entidade. "Ele já tinha o sonho da vila olímpica e já tinha ajudado muitas pessoas a se formar no Telecurso Primeiro Grau, um convênio do Viva Rio com a prefeitura." Seu Amaro estava sempre tranquilo, mesmo nas horas de nervosismo, conta Clara, e sempre pedindo calma a todos. "Se todos tivessem o mesmo pensamento dele, a Maré seria bem diferente. É uma pessoa pura de coração."

Foi aí que Clara fortaleceu seu trabalho na comunidade. Criou com seu Amaro o programa Gari Comunitário, que ajudou a recuperar muitos ex-presidiários. "Eles eram dos melhores. Seu Amaro tinha um elo com os presídios, e os presos, quando iam sair, ligavam para ele pedindo emprego. Sua preocupação, que também era minha, era que aquelas pessoas saíssem da miséria e tivessem uma chance na vida. Na época, ajudamos também muito jovem na idade do risco, entre 12 e 14 anos, a seguir um bom caminho."

Hoje, Clara vai todo dia à vila olímpica, onde trabalha na administração com seu Amaro. Ela se emociona ao falar dos jovens no balé, no caratê, na ginástica olímpica. "Mostramos a eles uma saída, damos um horizonte, eles podem escolher. Somos como o beija-flor que vem com aquele biquinho e apaga a fogueira. A gente fica feliz, é uma realização, uma ajuda que demos para muitas pessoas que não tinham sonho. A vila olímpica é nossa. Temos aqui um refúgio."

Além dos muitos jovens que frequentam a vila, Clara se lembra das mais de 200 "senhorinhas" que eles abraçam e levam para fazer caminhadas. "Bom dia, minhas gatinhas", cumprimenta Clara, que abraça uma a uma. "Aqui elas encontram uma fonte de alegria, lancham. Muitas vezes têm filhos drogados ou apanham dos maridos. Mas nossa felicidade é esta: viver essa luta, essas conquistas, um pedacinho da nossa vida sendo visto lá fora."

"NOSSA FELICIDADE É ESTA: VIVER ESSA LUTA, ESSAS CONQUISTAS, UM PEDACIN[HO] DA NOSSA VIDA SENDO VISTO LÁ FORA." — MARIA CLARA RODRIGUES DA SILVA

UM SUPERMERCADO DE BONDADES

José Fantine tinha uma visão ousada de futuro. Trabalhava no Coppe, o centro de pesquisa da Universidade Federal do Rio de Janeiro, quando desenvolveu o projeto de um centro de excelência que queria pôr em prática. Era preciso viabilizar a concepção do projeto. Pensou, então, que a Vila Olímpica da Maré poderia ser o laboratório ideal para demonstrar seu projeto. Mais que isso, seria um desafio intelectual. A ideia era tentar melhorar a formação e a educação das crianças no Complexo da Maré, levando a elas um complemento ou, como o engenheiro Fantine prefere, um suplemento da escola convencional.

"As escolas na Maré não tinham como ir mais longe. Estávamos nos candidatando a dar para as crianças naquele oásis que era a vila olímpica algo que eles jamais iriam receber no ensino convencional: beleza, atenção, esporte, saúde, arte — um supermercado de bondades."

Fantine arregaçou as mangas. Para fazer o centro de excelência na vila era necessário vencer três etapas fundamentais: de relacionamento, de montagem de parcerias e de gestão. Além disso, audácia e visão de futuro eram condições importantes para que se pudesse lançar a semente do projeto e regá-la.

A vila olímpica ainda funcionava de forma fragmentada antes da implementação do projeto Educar. "No começo achamos que era só oferecer as modalidades, mas depois vimos que não era só isso. Tinha que ter algo mais." Enquanto buscava uma solução para o impasse, Fantine assistiu a uma entrevista na televisão com a educadora Maria Clara Sodré, *expert* em educação especial. Ela tinha um projeto parecido com o dele, mas concentrado na educação de crianças superdotadas. Por coincidência, no projeto original de Fantine havia também a proposta para receber os superdotados.

Maria Clara foi procurada por Fantine e a equipe da vila. Juntaram sua capacitação ao projeto original. "Resolvemos começar pelos superdotados porque era necessário um tratamento diferenciado para que eles não se sentissem desestimulados diante de seu potencial. Pedimos à Petrobras para botar mais esse dinheiro para fazer o projeto. Inicialmente, Maria Clara selecionaria os superdotados e seria responsável pelo projeto. Mas, depois de muito debate, decidimos que o projeto deveria ser ampliado, para desenvolver as potencialidades de todos de forma integrada. Foi aí que nasceu o projeto Educar pelo Esporte."

O objetivo não era pouco ambicioso: promover o desenvolvimento humano e comunitário, criando oportunidades, em todas as atividades, para desenvolver as diferentes inteligências humanas. Além disso, buscar elaborar os aspectos cognitivo, socioafetivo e psicomotor das crianças e jovens.

E o projeto, que nasceu pensando nos superdotados, foi se tornando uma concepção integrada em função do encontro com Maria Clara. A educadora explicou que qualquer criança tem embutida nela as condições mínimas para lógica, matemática, linguagem, música, além da questão espacial e de movimento. "Todos são capazes de ter uma ligação com a natureza, as ligações interpessoais, são capazes de entender e se comunicar, apenas em graus diferentes", explica Fantine.

"Uma criança pode ser superdotada na parte musical ou de matemática. O projeto é levar para esse menino, que nasceu com um desses atributos especiais, uma educação diferenciada, para que ele não se perca. É preciso desafiá-lo. Na escola convencional, o ensino é conduzido como se todos fossem iguais, com as mesmas capacidades. Mas assim, quem está na curva para baixo não vai aprender, e quem está para cima vai se desinteressar."

Outro fator importante, ressalta Fantine, é criar uma transdisciplinaridade, ou seja, levar esses conceitos para outras áreas. Como o futebol, por exemplo: explicar através da física como a bola faz sua trajetória. "Assim você leva o menino da sua realidade, que é gostar de futebol, para outra realidade. As oficinas podem mesmo acontecer no campo de futebol."

Na construção do projeto dos superdotados havia os fundamentos do projeto como um todo. Ao apresentar à Petrobras, que acabou por patrocinar o projeto, mostrou-se que esse conceito podia servir para todos, e não apenas os superdotados. "O projeto Educar tem duas vertentes: uma é a das múltiplas inteligências e a outra é sociomoral. Para desenvolver seu potencial a criança tem que ser bem dirigida. A parte sociomoral tem que ser incutida antes nos professores", explica Fantine. Hoje a essência do Centro de Excelência é socioesportiva e educacional.

Fantine explica que a criança sai da escola e vai receber seu suplemento na vila. Para a superdotação, é preciso selecionar. Para as dotações, é a habilidade do professor que vai estimular e fazer ela crescer e entender todas as questões disciplinares, como um suplemento da escola, porque muitas vezes a criança precisa de empurrão, de incentivos. Também temos reuniões com a escola para explicar nosso trabalho. O objetivo é a escola fazer o que a gente faz.

"A vila tem cerca de 2 mil alunos. As crianças vão para a vila de várias formas: tem a ida espontânea, no contraturno da escola. Outra parte vai dentro da grade da escola, com a turma acompanhada ou não do professor. A vila fica com a criança e o professor fica fazendo o planejamento. Isso ocorre uma ou duas vezes por semana. Muitas vezes, o professor da vila vai na escola dentro da grade e dá aula lá. Porque nem sempre há espaço na vila. Diretores são convidados a reuniões na vila. Há ligações também com a Coppe e fazemos parcerias com a universidade".

Fantine ressalta a participação de Amaro em todo o processo. "Seu Amaro tem capacidade para harmonizar e entender como as coisas devem acontecer para que tudo se resolva. Sempre soube escutar e apoiar as decisões. A aprovação era dada depois de nossas explicações. Ele tem abertura para ponderar se alguma coisa deve ser feita de maneira diferente. Seu maior mérito foi conseguir manter a vila não invadida. Sua liderança foi capaz de fazer com que nosso projeto resistisse, andasse e crescesse."

O MÉDICO RECOMENDOU QUE ELA FREQUENTASSE
A VILA OLÍMPICA PORQUE ALI PODERIA SE CURAR

JORDANA E DAVI, NA DANÇA DA VIDA

O primeiro grande caso individual de sucesso da vila olímpica foi uma aluna do balé, Jordana Moreira. Ela era diferente nas aulas. Começou a se desenvolver tanto na dança, que a equipe de professores da vila foi buscar parcerias para que ela pudesse crescer. Um dia, a professora disse: "Podíamos levar a Jordana para fazer a prova no balé Bolshoi". Mas era preciso ter um vídeo. "Foi quando pedimos a um cineasta que sempre nos ajudou muito, para fazer o vídeo", disse Sandra Maria Barros de Araújo Garcia, gestora da vila. Ele fez e o filmete foi enviado para o Bolshoi, no Paraná. Jordana foi aprovada. Surgia, então, outro problema: como e com que recursos enviar Jordana para Joinville. Com ajuda de várias pessoas, conseguiram mandá-la com a professora.

Na primeira seleção, eram 60 mil inscritos. De todo esse grupo, escolheram seis, e Jordana foi uma delas. Como a escola do Bolshoi é paga, para não morrer na praia, o pessoal da vila se empenhou em conseguir que fosse feita uma reportagem para a televisão, a fim de conseguir algum apoio. A reportagem chamou a atenção de Maurício Andrade, então diretor da Ação da Cidadania. Ele procurou a direção da vila e disse: "Não é possível que ela perca essa oportunidade". Ele conseguiu que, no primeiro ano, a Ação da Cidadania custeasse a estadia de Jordana. Nesse meio-tempo, eles receberam a ligação do dramaturgo e escritor Aguinaldo Silva, que se ofereceu para pagar os outros dois anos.

"Ela foi muito bem, foi uma coisa maravilhosa", disse Sandra. Tempos depois, Jordana decidiu parar de dançar e resolveu estudar nutrição. Sua vontade era ajudar as bailarinas a manterem o peso. Depois, ela fez comunicação social e está estudando na PUC.

No rastro de Jordana, a vila conseguiu, depois, mandar um menino, Davi do Nascimento, para estudar balé em Joinville, no Bolshoi. Havia apenas uma vaga para mais de mil candidatos. Ele fez a prova e conseguiu a vaga. Para que continuasse os estudos, a vila conseguiu que um grupo o apadrinhasse e ajudasse. A partir daí, o Bolshoi determinou que, depois do primeiro ano, quem fosse de comunidade poderia pleitear uma bolsa. Davi fez o curso, formou-se em dezembro de 2013. No dia seguinte, ligou para Sandra para dizer que o Bolshoi iria contratar uma pessoa e que fora ele o escolhido. Hoje, ele trabalha no Bolshoi. "São essas histórias que nos movem para acreditar, cada vez mais, que a Maré é um celeiro", diz Sandra.

Durante três anos, Jordana trabalhou na vila, ensinando balé a outras crianças e contando a elas como ela e Davi ousaram sonhar e apostar no sonho.

EXTRA

RIO DE JANEIRO, SÁBADO, 1 DE NOVEMBRO DE 2008

Bailarina da Maré será aluna da Escola Bolshoi

Moradora da Nova Holanda, de 17 anos, foi a única escolhida no Rio

A MARÉ DESÁGUA NO LAGO DOS CISNES

Vila Olímpica afasta crianças do crime

O FUTURO DO TÊNIS AGRADECE

Ontem, no Cefan, na Avenida Brasil, a FTERJ reinaugurou duas quadras para o projeto 'Tênis Para Todos'

DO CORAL AO FUTEBOL: São 11 mil crianças da comunidade inscritas em 16 atividades

A conquista da vitória a cada dia

Vila Olímpica da Maré atrai seis mil moradores e revela talentos • 8 a 10

Veículo: THE GAZETTE (IOWA - E.U.A)
Tipo: Foto e Reportagem
Data: 2002/07/26
Seção: PICTURES
10.1

Veículo: Revista ISTO É
Tipo: Foto e Reportagem
Data: 2002/05/22
Seção: SOCIEDADE
07

COMPORTAMENTO
SOCIEDADE

VITÓRIA DO TALENTO

O GLOBO — Quarta-feira, 25 de outubro de 2006

Bailarina da Maré consegue vaga para curso do Bolshoi

JORDANA MOREIRA, de 17 anos

JOGO EXTRA — Domingo 19 de fevereiro de 2006 — PAN-AMERICANO DE 2007
KARATÊ

Golpe de sorte na Maré

Caratecas da comunidade carioca treinam sem tatame mas brilham fora do país

Veículo: REVISTA PETROBRAS
Tipo: Foto e Reportagem
Data: 2002/04
Nº 78
03

RESPONSABILIDADE SOCIAL

PROGRAMA DE CRIANÇA

AULA DE FUTEBOL DE SALÃO NA VILA

UM SER RESOLUTIVO

"Com Amaro não tem blá-blá-blá. Ele resolve. Fala com todo mundo e tem lá sua malandragem. Sabe se mexer, fazer política e foi desenvolvendo uma mística de liderança. Nunca foi partidário. Soube ser interlocutor das várias gestões e um grande articulador e mediador. Agora, na velhice, ele ancorou na fé. Desde que entrou para valer na Igreja, ele começa e termina toda reunião com uma oração. Sabe pregar, sabe orar. Mas ele equilibrou as coisas. É um líder comunitário no sentido mais pleno." É por essa perspectiva que Amaro é visto por Rubem César Fernandes, presidente do Viva Rio. "Amaro é um ser resolutivo".

Rubem César, que recentemente ganhou o prêmio da Paz na Alemanha (Hessian Peace Prize 2014), vê em Amaro um líder "executivo, articulador, mediador, que tem também o lado da fé, do carisma". Para Rubem, ele "tem uma visão maior, que ele formatou na linguagem da fé cristã porque a Igreja passou a ser importante e a dar força para ele se manter".

Rubem César foi vice-presidente da vila olímpica, com Amaro como presidente, antes de a vila fechar e abrir novamente. Foi um momento difícil, que

Amaro superou com paciência e habilidade. Na reabertura da vila, Rubem passou a vice-presidência para Cristian Nacht.

O primeiro contato de Rubem César com Amaro foi em 1996. Na mesma época, anunciava-se a candidatura do Rio de Janeiro às Olimpíadas. A direção do Viva Rio decidiu procurar o pessoal da Maré por causa da visita do Comitê Olímpico Internacional (COI), que chegaria em breve à cidade. Na Maré, Rubem César conheceu Amaro, que era presidente da Unimar, que reunia 16 associações de moradores da Maré. Amaro era a principal liderança. A partir daí, Amaro tornou-se conselheiro do Viva Rio. Em 2013, foi convidado a falar na abertura da festa dos 20 anos de fundação do Viva Rio.

MÚSICA E CORO NO GINÁSIO DA VILA

A ALEGRIA DE APRENDER A NADAR SEM SAIR DA COMUNIDADE

UM LÍDER COMUNITÁRIO QUE OUSOU SONHAR

Um dia Amaro vinha dirigindo seu Opala 72 na Maré e passou por algumas crianças que jogavam futebol na rua. Enquanto ele passava, uma delas deu um chute e a bola bateu e quebrou o retrovisor do carro. Ele desceu do carro e as crianças saíram correndo, assustadas, com medo de que ele fosse reagir, dar um corretivo, ou, no mínimo, uma baita bronca. Que nada. Ele abaixou-se para recolher os cacos, enquanto falava: "Vou conseguir um lugar para vocês brincarem sem correr risco de serem atropelados ou quebrar as coisas de alguém". Sua cabeça, que já estava cheia de ideias, aliou-se à vontade cada vez maior de lutar por um espaço para essas crianças. E, assim, convenceu seu amigo engenheiro Edgar Amaral a fazer o projeto da vila olímpica.

Quem conta essa história é Sandra Maria Barros de Araújo Garcia, professora do município durante muitos anos, ex-diretora adjunta de Ciep e gestora da vila por um período. Hoje, coordenadora de educação e cultura da vila, Sandra foi testemunha do primeiro dia em que Amaro foi à Coppe buscar ajuda para administrar a vila olímpica. "Eu trabalhava no laboratório de centros de excelência coordenado pelo professor José Fantine. Participei de toda a elaboração do projeto de gestão. Hoje vejo a vila como um grande divisor de águas."

Sandra começou a trabalhar na vila desde que a primeira gestora, Alice Cirino, deixou o espaço, em 2001, dois anos depois de começar o funcionamento da vila. Como Sandra conhecia tudo da entidade, desde o início, e vinha da área de educação, eles entenderam que era oportuno que uma pessoa com esse olhar assumisse a gestão. "É assim que todos que trabalham na vila enxergam a criança, o adolescente e o adulto que frequentam o espaço: na sua integralidade, para que possam levar adiante seu desenvolvimento humano."

Um dos trabalhos importantes da vila é o atendimento a todas as crianças e também às crianças superdotadas, além daquelas com deficiência, como queria Amaro. O relato de Sandra é comovente: "Uma vez, tivemos um grupo de superdotados de 12 e 13 anos, em 2003, que foi participar de um campeonato nos Estados Unidos. Um deles jogou no Vasco e hoje está no Udinese, na Itália. Essas crianças despontam. É uma covardia não acolhê-las e encaminhá-las. Muita gente diz que essas crianças com altas habilidades não precisam de quem cuide delas. Mas elas precisam tanto quanto qualquer outra criança, às vezes até mais. Tivemos jovens na dança que foram para o balé Bolshoi, como o Davi, que, ao final de quatro anos de estudos em Joinvile, foi contratado pelo Bolshoi".

Desde 2009, há um programa na vila que procura atender esse tipo de criança das escolas. A vila tem parceria com o Ilecca, um instituto que trabalha com crianças superdotadas na área acadêmica. "Tivemos nosso primeiro grupo de 12 crianças. Inicialmente, a professora Maria Clara Sodré, que cuida do Ilecca, ficou temerosa. Porque eles trabalham com crianças de baixa renda e a escolha é sempre entre as mais pobres. Mas eles nunca tiveram crianças de uma comunidade onde a realidade é tão homogênea. As crianças da Maré sofrem muita discriminação. As de escola pública de qualquer lugar estudam em locais sem tantos conflitos. Ao chegar em casa, podem dormir em paz."

Na Maré, muitas vezes elas chegam insones ao Ilecca, e há muitos dias em que não têm aula em virtude da violência. Com todos estes fatos, a perda ao final do ano é grande. E as crianças da Maré chegam ao instituto com uma defasagem maior que as outras. Maria Clara achava que elas podiam não estar em pé de igualdade.

"Foi maravilhoso o trabalho dela. Das nossas 12 crianças que fizeram as provas, as 12 foram aprovadas. Um menino da escola que tem um dos piores Ideb tirou primeiro lugar na prova para o Colégio Pedro II, com 10 em matemática e em português. Por isso, temos que acreditar e não deixar de acolher e trabalhar com seriedade. Isso tudo, graças ao sonho do seu Amaro, essa pessoa que ousou sonhar que pudesse existir dentro da Maré um projeto dessas dimensões. E a gente sonha com ele todos os dias. Entendemos a vila como uma escada. Quando começamos o programa, queríamos chegar a um degrau. Só que no oitavo degrau queremos estar mais em cima. Não podemos parar de sonhar e desejar que coisas melhores aconteçam."

Sandra enfatiza que é preciso amparar os superdotados em todos os campos, incluindo o psicológico. "Essas crianças com alta habilidade têm que ser muito acompanhadas e cuidadas porque às vezes não suportam o sucesso. Precisam ser acolhidas pela família e por nós. Dizem que eles não precisam de cuidados, mas não é verdade. Na vila eles têm um acompanhamento muito grande. Temos que dar a eles confiança neles próprios. Temos alunos maravilhosos, pessoas maravilhosas. Onde estariam eles? Isso é pensar no bem comum. Seu Amaro é o grande representante dessa grandeza."

Sandra não tem dúvidas de que o trabalho de Amaro é crucial para a comunidade. "Seu Amaro é um homem muito sonhador, está sempre sonhando o melhor. Entendeu que buscando na Coppe uma metodologia gerencial estaria trazendo o melhor para a Maré. Ele tem uma força fantástica. Quando acredita em alguma coisa, persegue aquele objetivo intensamente. Foi como começou a história da vila."

A imagem que Sandra faz de Amaro é um misto de super-herói e nobre autoridade. "Quando ele chegou no Ministério dos Esportes para encontrar Pelé, tirou o projeto da vila como se fosse uma espada de Jehdi. Todo o gabinete ficou encantado." Além disso, ela se emociona quando diz que seu Amaro é um "grande estadista" que nunca foi à escola. "Criei uma imagem para mim: ele parece um rei que mesmo tendo sido educado por uma família muito simples extraiu o melhor de si. É educadíssimo, nunca o ouvi falando um palavrão. É tranquilo. Quando a situação parece pegar fogo, ele tem sempre uma palavra para acalmar. É muito rico conviver com alguém dessa natureza. Ele é um exemplo na área interpessoal."

Em 2013, Sandra foi convidada para falar na Universidade de Yale, nos Estados Unidos, sobre sua experiência na vila olímpica. Foi um sucesso. Ela cuida de organizar a vinda de estrangeiros com interesse na proposta da vila para passar um tempo convivendo com a realidade daquelas crianças e jovens. "Temos que sair do nosso casulo para conseguir outros patrocínios e divulgar nosso trabalho", diz ela. E finaliza: "O seu Amaro, com sua sabedoria, foi buscar auxílio da universidade 15 anos atrás, quando isso não era moda no país. Aprovou e incentivou todos os avanços dos projetos da Vila Olímpica da Maré e, agora, vê os resultados que queria para os meninos da sua comunidade. Mais ainda, vê o projeto que idealizou chamar a atenção das melhores universidades dos Estados Unidos".

O BALÉ QUE FORMOU MUITAS BAILARINAS E BAILARINOS

A VILA TRAZ PARA A COMUNIDADE
UM SENTIDO DE PERTENCIMENTO

O GRANDE CONDUTOR DE UMA ORQUESTRA ESTRANHA

"A Maré está no meu fígado. Em outros projetos, quando eles acabam você sai. Na vila, não dá pra sair." Argentino de nascença, o diretor da vila olímpica, Cristian Nacht, era executivo de uma grande empresa no Brasil, mas sempre teve uma inclinação para a ajuda comunitária. Começou na juventude sua prática social. Depois da faculdade, quando morava em Londres, fazia parte de um grupo religioso da Igreja Anglicana que cuidava de crianças mandadas para reformatórios. Ao vir para o Brasil, Cristian tornou-se diretor da Câmara de Comércio Brasil-Estados Unidos e entrou numa rede internacional denominada Instituto de Assuntos Culturais (IAC) que tinha um projeto social no estado do Rio, em Bananeiras e Rio Bonito.

Quando passou a trabalhar na empresa Mills, da sua família, em que era executivo e onde ficou grande parte de sua vida, lutava lá dentro para diminuir as diferenças salariais, que eram enormes. "O objetivo na minha vida sempre foi diminuir a diferença entre o rico e o pobre. Uma vez soube da medição da diferença de um executivo de maior salário para um de menor salário na Inglaterra. Lá era fator 7. No Brasil, essa diferença era fator 100. Sempre fiz muita força para diminuir isso na empresa onde trabalhei. Minha luta sempre foi nesse sentido."

O IAC teve uma grande influência na vida de Cristian. Foi ali que conheceu e se aproximou do Viva Rio. Até que um dia foi convidado para ser conselheiro. Em 1998, decidiu deixar a vida de executivo e tornar-se apenas integrante do Conselho da sua empresa. "Não precisava mais trabalhar, então resolvi trabalhar naquilo que gostava. Queria trabalhar no Terceiro Setor. Fiz o caminho de Santiago, em 2002, e só então entrei de cabeça no Viva Rio e na vila."

Já no Viva Rio, o presidente, Rubem César Fernandes, contou a ele que estava organizando uma ONG na Maré. Essa ONG era a Uevom, que iria administrar a vila olímpica. Rubem César pediu a Cristian que ele representasse o Viva Rio na Uevom. Cristian tornou-se, assim, sócio fundador da ONG e passou a frequentar as reuniões.

"Comecei do lado rico, era diretor de empresa. Amaro faz mais ou menos o que eu fazia, só que ele começou do lado pobre, tendo que conquistar tudo o que eu ganhei de nascença." Na saída de Amaro da vila quando houve interferência do poder paralelo, Cristian o acompanhou. É a primeira lembrança forte que guarda da vila. Quando Amaro voltou, seis meses depois, Cristian foi convidado para o cargo de diretor da vila.

De Amaro, Cristian fala com respeito e admiração. "Como todo mundo, ele tem qualidades, mas também defeitos. Muitas vezes toma decisões intempestivas, tem rompantes. Fui conhecendo-o aos poucos e passei a ter uma confiança brutal no seu taco. Ele tem uma honestidade a toda prova. Entendo que o que ouço e que vejo só pode ser enfrentado por alguém com muito pulso e coragem. Ele sempre se vê diante de situações complicadíssimas."

Cristian não tem dúvidas de que ele tem também inimigos porque contraria quem quer que seja, se for preciso. "Se vê uma coisa que não está certa, ele não deixa quieto. Ele é preto no branco. Se você vai discordar do Amaro, vá preparado. Ele tem uma liderança natural muito forte."

Os casos que Cristian ouve de Amaro são muitos. "Ele vem à vila de manhã e diz: 'Ontem à noite baterem na minha porta a uma da manhã e eu tive que sair. Estavam para executar um rapaz'. Mas ele argumentou e acabou conseguindo salvar o rapaz que fez qualquer besteira. Ele fez a mediação rodeada de pessoas armadas, mas ele consegue, e por isso os moradores o chamam."

Cristian já considera uma façanha a construção da Unimar, que Amaro presidiu durante anos, e que juntava 16 associações de moradores para fazerem juntos o que cada um fazia sozinho. Foi dele a ideia. Os postos de saúde foram obra da Unimar e foram espalhados pela Maré.

"O estilo dele não é o do mediador tradicional. Ele tem uma presença muito forte. Quando fala com a comunidade tem muita naturalidade, fala tranquilo. Traz a equipe, pede que a equipe fale. Ele realmente comanda. É o grande condutor de uma orquestra estranha. Ao mesmo tempo, é muito estratégico. Tem um lado impetuoso, mas pensa a longo prazo, avalia as forças e tem estratégia. Também me impressiona o acesso que ele tem às pessoas no poder."

Cristian recorda que Amaro pegava o telefone e falava direto com o prefeito Cesar Maia, ou o prefeito Luiz Paulo Conde. "Ele fica de olho nas visitas de políticos que vão para a Maré colher votos e pregam cartazes. Sempre falou com os secretários de Esporte e Lazer com facilidade. Conhece muitos vereadores, tem opinião sobre eles. Sempre se impôs, tem liderança. E, ao contrário de outros, sempre foi muito simples e missionário. Não começa nenhuma reunião sem uma oração."

Cristian reconhece a influência que Amaro teve em sua vida. "Poucos convívios me marcaram tanto. Tenho uma admiração enorme por ele. E uma grande confiança nele por causa do convívio nas coisas menores, mais que nas grandes ações. O que me impressiona é como uma pessoa como ele, com um início de vida tão difícil, chegou até aqui. É uma imensidão o que ele conseguiu fazer."

CARATÊ PARA MENINOS E MENINAS

AQUI SE NADA CONTRA A CORRENTEZA DA MARÉ

Ubirajara Carvalho, o Bira, tinha 22 anos quando levou um tiro ao fazer um assalto no Complexo da Maré. Sua história não é muito diferente da de muitos meninos nascidos e criados na favela. Era o quinto filho de seis e seu pai morreu quando ele tinha dois anos. Aos três meses, foi entregue pela mãe para uma tia criar. Sempre viveu entre a favela e o asfalto. Aos 14, sua mãe o levou para morar com ela, na Nova Holanda. Foi trabalhar na mesma rua onde morava com a mãe, numa tendinha onde o dono era comerciante, mas também assaltante e participava do movimento com drogas. Era "armeiro". Significa que emprestava arma para assaltos e recebia o produto do roubo.

Assim, Bira foi apresentado às armas. Sua mãe não sabia que seu trabalho na tendinha também envolvia assaltos. Mais tarde, serviu o Exército por dois anos e, quando saiu, voltou a assaltar. Até que foi baleado. Escapou com vida, mas ficou paraplégico e passou a circular na favela em uma cadeira de rodas.

Como gostasse de ler, passou a contar histórias para os meninos da Maré e estava sempre rodeado pelos moradores, incluindo os assaltantes, e virou uma espécie de mentor dos jovens. Um dia, fumava maconha com outros jovens quando Amaro passou por ele e convidou: "Vamos trabalhar na vila olímpica, rapaz".

A princípio, Bira não quis. Não gostava da ideia de trabalhar em território ocupado por outra facção da favela que não era a sua. Mas um dia resolveu dar uma espiada. Viu de longe a construção, mas ficava imaginando que aquilo podia ser um quartel do Terceiro Comando. Não tinha ideia do que estava surgindo ali.

Quando, finalmente, decidiu se aproximar, a vila ainda nem funcionava a pleno vapor e, sem saber por que, ficou emocionado ao ver a estrutura do projeto quase pronta. Teve vontade de chorar. Passava por uma depressão profunda. Voltou à vila já em funcionamento para participar de um evento. Ao chegar, recebeu um abraço forte de uma das administradoras. Sentiu que não estava mais sozinho. Ela o apresentou a todos que lá trabalhavam e Bira passou a frequentar a vila, passear por lá. Um dia passou pela quadra de tênis e alguém perguntou: "Você joga tênis?" E ele respondeu: "Só quando estou com raiva".

Foi convidado pelo professor para jogar tênis. Começou a praticar outros esportes. Quando percebeu, tinha largado as drogas e era muito solicitado pelas crianças, que não o viam como uma pessoa deficiente, mas alguém com quem podiam brincar e aprender. Amaro o contratou para trabalhar na vila. Bira passou a frequentar o espaço também como atleta. Depois virou diretor. "Na Baixa do Sapateiro o pessoal ficava me olhando depois que comecei a trabalhar na vila. Percebi que eles achavam curioso porque nunca tinham visto alguém em cadeira de rodas fazer esportes, nadar, subir o morro. Passei a ver a luta do seu Amaro e a entender o potencial da vila olímpica."

Bira começou a se interessar também por fotografia. Certa vez foi chamado para fazer umas fotos na casa de alguém. O trabalho na vila e o esporte foram trazendo a ele uma grande energia e uma nova vontade de viver. Foi se fortalecendo. Voltou a estudar para ser fotógrafo profissional, matriculou-se em um curso de fotografia na Maré, no alto do morro. O esporte dava forças para subir o morro.

"Minha ideia era criar uma outra linguagem na fotografia que pudesse fazer uma nova leitura da favela. Um novo mundo se abriu para mim. A fotografia despertou em mim algo que eu via, mas não enxergava. E eu, que vivia uma linguagem de violência, onde só o forte sobrevive, despertei para aquilo. Passei a ver a beleza de onde eu moro, a mãe guerreira que tenho, a luta do seu Amaro. Passei a me conhecer melhor."

Foram várias as escolhas de Bira. Voltou a estudar, interessou-se pelas histórias do surgimento da vila olímpica, trabalhou com afinco com Amaro e dedicou-se com ardor à fotografia. Começou a perceber que aquela vida não era bem o que a mídia retratava. Era um local de guerreiros, como Amaro, que lutavam para permanecer, para construir o futuro com a própria mão. E a vida mudou.

"Não foi fácil. Era muita raiva, muito suor, muito sangue. Pressão de todo lado." Hoje, Bira tem uma grande coleção de fotos da Maré. Já fez exposições na vila e em outras partes da comunidade. Depois de trabalhar anos com Amaro, foi fazer faculdade de direito. Mas continua apaixonado pela vila. "A vila é minha casa, minha relação é sentimental. Eu sou a prova de que não é com porrada que se resolvem as coisas. As Olimpíadas vieram para trazer paz. Esporte e cultura sempre tiveram esse poder."

Admira Amaro, a quem ele chama de líder, guerreiro e sábio. "Imagine o quanto ele é seduzido e não se deixa comprar. Imagine quantas vezes teve que abrir mão de coisas que ofereceram. Ele está há mais de 50 anos nessa luta em benefício do outro. Resolve as coisas sem violência, com sabedoria. Faz a mediação o tempo todo. Interna um, bota o outro pra estudar, socorre quem bate na sua porta, ajuda a tirar documentos. Isso tudo é prazeroso e desgastante. O que fazemos é nadar contra a correnteza da Maré. Eu aprendi a nadar na baía. Mas hoje um garoto aprende a nadar na piscina. A realidade pode ser outra."

Bira acha "uma covardia" não terem feito ainda a segunda etapa da construção da vila olímpica. Acredita que se a vila crescesse não haveria tanta guerra na favela. E que a riqueza que está ali não dá só um livro. "São livros e livros e vidas mudadas." Bira, aos 44 anos, leva com ele a lição que aprendeu com Amaro e com a vida: "Quando você se aproxima do jovem e quebra o estereótipo, quando você o reconhece como ser humano, você também se humaniza".

QUADRA DE VÔLEI NA VILA

APÊNDICE

NA CAPOEIRA, LIBERDADE DE MOVIMENTO E CONSCIÊNCIA DO CORPO

UEVOM

A União Esportiva Vila Olímpica da Maré (Uevom) é uma ONG criada, em 1999, ao final parcial da obra da Vila Olímpica da Maré, para receber a concessão de operação e administração da Vila Olímpica da Maré. A vila olímpica nasceu de um forte movimento da União das Associações de Moradores da Maré (Unimar), formada por 16 comunidades do bairro Maré, mas era preciso desvincular a Unimar da vila. Já em 2000, a Uevom conquistou o apoio da Petrobras, que tornou-se um pilar da operação do empreendimento. Dessa forma, prefeitura e Petrobras dividiam os custos da operação da Vila Olímpica da Maré, sendo assim seus parceiros estratégicos. A Coppe /UFRJ tem sido parceira para sua parte conceitual. A Uevom vem tentando desde então negociar outras parcerias para o projeto. Conseguiu estabelecer com a Petrobras o projeto Educar para o Esporte, que consolidou a integração das questões educacionais, culturais, esportivas e de saúde, com base em uma concepção de desenvolvimento integrado de potencialidade e habilidades.

Em 2009, a Secretaria Municipal de Esportes e Lazer definiu que cada vila olímpica sob sua jurisdição seria dali por diante um equipamento esportivo agregador das políticas públicas de natureza socioeducacional voltadas para o lazer, a descoberta de talentos, a qualidade de vida e ampliação do universo cultural. Em 2010, a Uevom qualificou-se como organização social e assinou um contrato de gestão com a Secretaria Municipal de Esportes e Lazer para operar a Vila Olímpica da Maré por mais dois anos (renovável por mais dois). No final de 2012, a Uevom renovou seu contrato com a Petrobras, dessa vez inserida no Programa Petrobras Esporte e Cidadania.

VIVA RIO E REAGE RIO

A instituição Viva Rio, uma organização não governamental dirigida, desde sua fundação, pelo sociólogo Rubem César Fernandes, foi criada em 1993 por representantes de vários setores da sociedade civil, como resposta à crescente violência que assolava o Rio de Janeiro. Uma das razões que levaram à sua criação foi a chacina de Vigário Geral, favela onde foram executadas, por um grupo de extermínio, 21 pessoas, em agosto daquele ano.

A instituição foi desenvolvendo e consolidando projetos que se tornaram políticas públicas adotadas ou reproduzidas pelo Estado, por empresas e outras organizações. Desde o início, a Viva Rio estabeleceu como seus objetivos "trabalhar em comunidades expostas aos riscos da violência; aplicar soluções inovadoras para problemas sociais e ambientais em contextos vulneráveis; mediar conflitos e agir de maneira integradora; comunicar-se, com prazer e eficácia, em meio à diversidade de valores locais".

No final de 1995, a Viva Rio estava prestes a criar o movimento Reage Rio, em resposta ao sequestro dos filhos do empresário Eduardo Eugenio Gouveia Vieira, que era conselheiro da ONG. A violência no Rio escapava do controle, enquanto o tráfico de drogas consolidava suas bases nas favelas. Planejou-se um grande debate dos conselheiros na Faperj (Fundação de Amparo à Pesquisa do Estado do Rio de Janeiro, para discutir se as favelas do Rio entrariam ou não no movimento Reage Rio. Havia uma grande desconfiança por parte das comunidades em relação ao sequestro. Dizia-se que sequestro era coisa de rico, que pobre desaparecia mesmo. O Reage Rio, no entanto, convocou uma manifestação em 28 de novembro de 1995, que reuniu mais de 400 mil pessoas no Centro do Rio.

Na véspera do debate aconteceu um fato inusitado na Fábrica da Esperança, projeto social criado, em 1994, pelo pastor Caio Fábio — em parceria com o governo e empresários — em um prédio incendiado de uma fábrica que ficava na entrada da favela de Acari, na Zona Norte. A Fábrica da Esperança, uma ONG parceira da Viva Rio, chegou a ter 55 projetos sociais, entre cursos profissionalizantes, creches, atendimento médico e outros serviços, e teve papel fundamental na diminuição da violência na comunidade. Mas, entre 1995 e 1996, a Polícia Militar encontrou grande quantidade de papelotes de cocaína nas dependências da fábrica, e o então governador do Rio de Janeiro, Marcello Alencar, acusou a ONG de conivência com o narcotráfico do Complexo do Acari. Nada, porém, ficou provado.

Rubem César conta sua versão: "O então governador Marcello Alencar sentindo-se ameaçado, sei lá por que, pelo movimento Reage Rio, teve uma reação intempestiva: 'plantou' cocaína na Fábrica da Esperança e disse que estávamos associados ao tráfico de drogas. Isso gerou enorme confusão. Nós éramos ainda ingênuos em relação à possível reação do mundo político. A democracia apenas recomeçava. Aí nós falamos: 'Agora mesmo é que vamos cair dentro de favela'".

Logo depois desse incidente, as favelas passaram a ter representação dentro da Viva Rio.

UERÊ, UMA ESCOLA COM PEDAGOGIA PRÓPRIA

O Complexo da Maré tem, ainda, pessoas como Yvonne Bezerra de Melo. Artista plástica e doutora em filologia linguística, levou para a Maré um projeto que hoje acolhe 430 crianças. Sua história é conhecida por muitos por causa de uma tragédia que se abateu sobre a cidade há anos. Ela dava aulas a meninos de rua numa espécie de escola sem portas ou janelas na Candelária, em 1993. Numa madrugada daquele ano, Yvonne foi acordada com a horrenda notícia de que policiais em dois carros com as placas tapadas pararam em frente à igreja da Candelária e dispararam contra crianças e adolescentes que dormiam na rua. Oito morreram e muitos ficaram feridos. Todos meninos que Yvonne conhecia. A Chacina da Candelária, como ficou conhecido o massacre no Rio de Janeiro, não intimidou Yvonne.

Ela e seus alunos meninos tiveram de sair das imediações da Candelária. Yvonne fundou, então, a primeira sala de aula do Uerê debaixo de um viaduto na Leopoldina, cercada de tapumes. "Ocupamos esse espaço durante quatro anos. Ao lado da favela do Coqueirinho, que tinha mil habitantes. Aos poucos, as crianças de lá foram vindo." O então prefeito Luiz Paulo Conde criou o programa Morar Sem Risco em vários pontos da cidade, e os moradores de rua iam para lá. Um desses lugares era na Maré.

"As pessoas foram para um abrigo enquanto as casinhas não ficavam prontas. Quando ficaram prontas, me deram uma casa e eu montei a primeira sala de aula lá, onde é até hoje, na Baixa do Sapateiro, na Maré. Então, comecei a fazer um trabalho de prevenção com aquelas crianças para evitar que fossem para as ruas. É o trabalho que faço até hoje. Temos atualmente 430 crianças no projeto Uerê."

Doutora em filologia linguística com estudos na Europa, Yvonne fez sua pesquisa na África. Estudou problemas de linguagem com crianças de países em guerra e crianças que vivem em áreas de risco. Chegou à conclusão de que essas crianças têm uma parte da sua cognição bloqueada, principalmente a memória curta. A partir daí, Yvonne criou o Projeto Uerê. "Minha intenção era criar essa pedagogia dentro de uma escola, e foi o que fiz: criei uma escola com pedagogia própria."

Ela recebe crianças de escolas públicas que chegam para tentar um desbloqueio cognitivo para poder aprender. "Tem criança que nem sabe falar. Os resultados são espetaculares, cerca de 90% conseguem se desbloquear." Yvonne dá consultoria a escolas públicas a pedido do prefeito Eduardo Paes, aplicando essa pedagogia em larga escala. Usa também, em seu trabalho, arte e música. As crianças da Uerê são todas da Maré, e muitos de seus alunos frequentam a vila olímpica. Ela desejaria que a vila tivesse menos burocracia e que fosse melhor aproveitada. Acha que Amaro é muito benquisto porque é da comunidade, mas lamenta que a Uerê não tenha sido procurada para uma integração maior com a vila.

Yvonne é incansável e continua a batalhar por suas crianças da Maré. Para ela, dia bom "é dia sem tiroteio, sem gente morta nem criança traumatizada".

Este livro foi impresso nas oficinas gráficas da Editora Vozes Ltda.,
Rua Frei Luís, 100 – Petrópolis, RJ.